北欧司法审查 制度与实践探究

黄柳建 著

浙江工商大学出版社
ZHEJIANG GONGSHANG UNIVERSITY PRESS

杭州

图书在版编目（CIP）数据

北欧司法审查制度与实践探究 / 黄柳建著. — 杭州：
浙江工商大学出版社，2024.5
　ISBN 978-7-5178-6014-3

　Ⅰ. ①北… Ⅱ. ①黄… Ⅲ. ①司法监督－研究－北欧
Ⅳ. ①D953.06

中国国家版本馆 CIP 数据核字（2024）第 087401 号

北欧司法审查制度与实践探究
BEIOU SIFA SHENCHA ZHIDU YU SHIJIAN TANJIU

黄柳建　著

策划编辑	任晓燕
责任编辑	金芳萍
责任校对	都青青
封面设计	望宸文化
责任印制	包建辉
出版发行	浙江工商大学出版社
	（杭州市教工路 198 号　邮政编码 310012）
	（E-mail：zjgsupress@163.com）
	（网址：http://www.zjgsupress.com）
	电话：0571-88904980，88831806（传真）
排　　版	杭州朝曦图文设计有限公司
印　　刷	杭州高腾印务有限公司
开　　本	710mm×1000mm　1/16
印　　张	12.25
字　　数	204 千
版 印 次	2024 年 5 月第 1 版　2024 年 5 月第 1 次印刷
书　　号	ISBN 978-7-5178-6014-3
定　　价	58.00 元

目　录

导 论

一、选题的缘起：何以北欧

司法审查是法学的一个基本概念。从其起源来看，司法审查可被视为对立法权加以复审的产物。[①] 由于司法审查理论与实践的本土资源均十分有限，故域外研究一直是核心部分。过去学界只把目光投向美国、德国、法国乃至英国这些传统西方大国的司法审查制度，并进行研究。在学界对上述主流大国司法审查制度的研究著作已汗牛充栋的情况下，其他一些"非主流"小国的司法审查制度却并未受到足够重视。在过去一个世纪里，北欧国家一直以社会民主、政治稳定和经济繁荣保持着卓越的国际地位，然而这些国家极富理论价值的司法审查制度与实践却一直未得到学界足够的关注。

北欧包括了丹麦、挪威、瑞典、芬兰和冰岛，及各国的附属领土如法罗群岛、奥兰群岛和斯瓦尔巴群岛等。在英语中有一个专门名词指称北欧，即 Nordic。北欧不仅是一个地理概念，同时也是一个历史、政治、法律和文化概念。根据历史、地理、文化乃至政治制度的不同，北欧又可分为北欧西部三国（挪威、丹麦、冰岛）和北欧东部两国（瑞典、芬兰）。[②]

首先，历史上，北欧五国的历史紧密相连。北欧西部的挪威和冰岛曾

---

① 参见［美］爱德华·S. 考文：《司法审查的起源》，徐爽编，北京大学出版社2015年版，第219—220页。

② See Jaakko Husa, Kimmo Nuotio, eds., *Nordic Law-Between Tradition and Dynamism*, Oxford: Intersentia-Antwerp, 2007, pp. 2-10.

经隶属于丹麦,而北欧东部的芬兰曾经隶属于瑞典。在1397年至1523年,丹麦、瑞典(包括芬兰)和挪威(包括冰岛)在瑞典卡尔马城结成联盟,即著名的卡尔玛联盟,挪威、瑞典和丹麦这三个王国共同拥戴一个君主。① 其次,政治上,五国虽然不是单一的共同体,但都是北欧理事会成员,泛斯堪的纳维亚主义运动曾试图在19世纪将丹麦、挪威和瑞典联合成一个国家。随着20世纪初芬兰的独立及20世纪中叶冰岛的独立,这一运动目的改为建立现代的北欧合作组织,北欧理事会的建立就是其重要成果。再次,法律上,北欧诸国拥有自成一定体系的北欧法,共同发展出了北欧法律现实主义。同时,它们在不同程度上共享着北欧的经济和社会结构模式,譬如:市场经济与强大的工会组织、由高税收资助的普遍主义福利、程度较高的收入再分配制度、较稳定的社会环境,等等。从次,国民性格上,五国具有高度的相似性,共同分享了诸多特性,如人民性格都非常内敛,做事自律,行事低调,在处理政治矛盾和社会矛盾时富有政治智慧,充满民族自豪感和自尊心等。最后,宗教信仰上,五国信徒占比最多的宗教均为基督教路德宗。综上,基于历史文化、意识形态、社会制度和政治制度等各方面的同一性,不管是北欧内部还是外界,都将北欧视为一个整体进行学术研究和讨论。

二、概念的界定

在探讨司法审查的概念界定时,须从多个关系层面进行阐明。司法审查在广义上包括宪法层面和行政法层面的审查。② 具体到北欧,一个更为重要和特殊的情况是因《欧洲人权公约》、欧盟法、《建立欧洲自由贸易联盟公约》、《欧洲经济区协定》出现超越国家主权边界的跨国司法审查。因此,本书所指的司法审查也包括欧洲人权法院、欧洲法院,以及北

---

① 关于北欧历史,参阅王祖茂:《当代各国政治体制:北欧诸国》,兰州大学出版社1998年版。

② 参见张千帆:《宪法学导论——原理与应用》(第三版),法律出版社2014年版,第161页。

欧各国内法院依据《欧洲人权公约》、欧盟法、《建立欧洲自由贸易联盟公约》和《欧洲经济区协定》对各国普通国内议会立法的司法审查。

司法审查与宪法审查、违宪审查、合宪性审查，都是指立法机关或司法机关依据法定程序对规范性法律文件是否合宪进行判断并做出相应处置的活动。① 单就此而言，司法审查、宪法审查、违宪审查、合宪性审查等概念并无径庭之别。细细查究，四者存在如下区别：一般而言，司法审查（Judicial Review）是指司法性质的机关对规范性法律文件是否合宪进行审查，突出强调法院作为审查主体的地位。而宪法审查和违宪审查（Constitutional Review）是指依据宪法对规范性法律文件是否合宪进行审查，突出强调宪法是审查的规范依据。这里宪法审查主要包括立法机关审查（立法审查）和司法机关审查（司法审查）两部分。合宪性审查（Review of Constitutionality）概念可以等同于宪法审查概念，不过两者之间也有微妙差别，主要在于合宪性审查这个概念是从审查主体这个立场出发的，倾向于体现审查主体所应秉持的合宪性推定原则的主体立场。②

在北欧国家，司法审查的范围扩展到了国际法律框架，尤其是因《欧洲人权公约》、欧盟法、《建立欧洲自由贸易联盟公约》和《欧洲经济区协定》的实施而出现的跨国司法审查。这种跨国司法审查机制不仅增强了北欧国家法律体系的多样性，也加强了这些国家在国际法治背景下的法律实践和合作。由此，北欧国家在进行司法审查时不仅考虑了国内法律，也高度重视国际法律和条约，尤其是《欧洲人权公约》对这些国家的司法系统产生了显著影响。这种跨国的司法审查机制确保了北欧国家的法律实践与欧洲人权法律的一致性。这一点在欧洲人权法院和欧洲法院的判决中得到了体现，这些判决直接影响了北欧国家的司法决策和法律解释。随着欧盟法和其他国际法律在北欧国家日益重要，这些国家的司法审查

① 参见林来梵：《合宪性审查的宪法政策论思考》，《法律科学（西北政法大学学报）》2018 年第 1 期。

② 参见林来梵编：《宪法审查的原理与技术》，法律出版社 2009 版，第 1—4 页。

体系逐渐向法律一体化和区域合作方向发展。北欧国家之间,以及北欧国家与欧盟和其他国际机构的合作,提高了法律标准的一致性,并促进了法律实践的共同进步。

三、国内外文献综述

查阅国内相关文献,涉及北欧国家政治与法律类的书籍主要有刘琳、刘晓玲等合著的《没有"主义"的北欧》①,敬东的《北欧五国简史》②,王祖茂的《当代各国政治体制:北欧诸国》③,还有被译介到国内的丹麦福尔默·威斯蒂主编的《北欧式民主》④。不过上述著作都仅对北欧政法制度做了简单和概括性的描述。总体而言,从已掌握的文献可知,国内对北欧政法的研究,基本上只是做简单的介绍,并没有深入挖掘北欧的独特之处,也没有涉及北欧各国在 20 世纪加入《欧洲人权公约》和欧盟等对北欧所产生的重大影响,对北欧的司法审查制度与实践缺乏关注。

不难想象,国外特别是北欧本土有关北欧政治与法律的文献是相当丰富的。《北欧国家立宪经验》概述了北欧五国的早期立宪史。在文中,作者指出北欧在美国宪法制定和法国大革命之前就已经有立宪经历,有着悠久的立宪传统。北欧国家立宪的重要特点是变化和修订过多。不过,作者认为所有北欧国家都系统地编纂了具有最高效力的宪法(基本法),在指导和稳定政治制度及整个社会的结构和运作方面发挥了重要作用。⑤《北欧宪法》通过比较研究对北欧五国的宪法历史、基本制度、立法与行政的关系、司法制度、北欧国家与欧洲理事会和欧盟的关系等做了详

---

① 参见刘琳、刘晓玲、周笑冰、路云辉:《没有"主义"的北欧》,海天出版社 2010 年版。

② 参见敬东:《北欧五国简史》,商务印书馆 1987 年版。

③ 参见王祖茂:《当代各国政治体制:北欧诸国》,兰州大学出版社 1998 年版。

④ 参见[丹]福尔默·威斯蒂主编:《北欧式民主》,赵振强、陈凤诏、胡康大等译,中国社会科学出版社 1990 年版。

⑤ See Paavo Kastari, "Constitutional Experience in the Nordic Countries," February 12, 2016, https://doi.org/10.1017/S0021223700002697.

细介绍。①

《北欧的不同叙述：民主、人的发展与司法审查》一书指出，北欧立宪主义是一个未被考察的领域。同时还指出，欧洲跨国司法审查兴起显然是解释北欧国家宪法性质变化的一个关键因素。②《北欧国家和欧洲大陆：北欧和其他欧洲宪法传统的双重记》指出，北欧各国自觉认同法国大革命中宪法是人民意志最高表达的法律观念，以及代议民主是多数人统治的观点。③《欧洲法文本下的北欧法》对北欧各国法律在欧洲法背景下所呈现的新特点做了详细介绍。④《北欧与其他欧洲国家立宪传统》一书也通过比较研究的方式对北欧与其他欧洲国家在立宪思想和制度方面的不同进行了详细说明。⑤《立宪主义新挑战：北欧视野下的欧洲法》指出，北欧各国在加入《欧洲人权公约》和欧盟后，逐渐与其他欧洲国家趋同。⑥

《福利国家与立宪主义——北欧视角》是一本详细论述福利制度与司法审查关系的论文集。在该书中，阿古斯特·索尔·阿纳森（Agust Thor Arnason）教授探讨了西方传统意义上的立宪主义与北欧福利国家在政治哲学上的不同之处；约基姆·内格利乌斯（Joakim Nergelius）教授从制度的视角探讨了北欧所遵循的议会多数民主模式与立宪主义、权力分立、权利保障等模式的不同；汉斯·皮特·格雷夫斯（Hans Petter Graver）

①　See Helle Krunke, Bjorg Thorarense, eds. , *The Nordic Constitutions：A comparative and Contextual Study*, Bloomsbury：Bloomsbury Publishing，2018.

②　See Ran Hirschl, *The Nordic Counternarrative：Democracy，Human Development，and Judicial Review*，Oxford：Oxford University Press，2011.

③　See Joakim Nergelius, ed. , *The Nordic States and Continental Europe：A Two-Fold Story，in Nordic and Other European Constitutional Traditions*，Leiden：Koninklijke Brill NV，2006，pp. 3-4.

④　See Pia letto Vanamo, Ditlev Tamm, Bent Ole, Gram Mortensen，*Nordic Law in European Context*，Switzerland AG：Springer Nature，2019.

⑤　See Joakim Nergelius，ed. , *Nordic and Other European Constitutional Traditions*，Leiden：Martinus Nijhoff Publishers，2006.

⑥　See Joakim Nergelius, ed. , *Constitutionalism：New Challenges European Law from a Nordic Perspective*，Leiden：Martinus Nijhoff Publishers，2008.

教授分析了《欧洲经济区协定》在北欧议会立法、司法制度及个体权利的保障等方面所产生的影响；延斯·埃洛·莱特(Jens Elo Rytter)教授讨论了北欧国家加入《欧洲人权公约》后对北欧司法审查制度的改变；保拉·伊尔维斯(Paula Ilveskivi)教授介绍了芬兰宪法中的社会权。①

《美国理论对北欧宪法中司法审查的影响》一书的作者对美国司法审查实践和理论如何影响北欧特别是挪威的司法审查进行了详细的论述。②《北欧西部宪法司法审查——斯堪的纳维亚司法审查与司法推理的一项比较研究》对挪威、丹麦和冰岛三国的司法审查制度做了极为详细的分析。③《挪威司法审查：两百年争论》一书对挪威两百年司法审查制度的存废做了详细的探讨。④《丹麦立法的司法审查》⑤、《瑞典法的司法审查：一项批判分析》⑥、《欧洲法与国际人权法近况下的挪威司法审查》⑦三篇文章分别对丹麦、瑞典、挪威的司法审查制度做了详细分析。《北欧因抗拒司法审查遭受批评》一文从政治制度、政治文化、民族结构等方面分析了北欧国家不太情愿实践司法审查的原因。⑧《北欧国家保障法律

---

① Martin Scheinin,ed. , *Welfare state and Constitutionalism-Nordic Perspectives*, Copenhagen：Nordic Council of Ministers,2001.

② See Ragnhildur Helgadottir, *The Influence of American Theories on Judicial Review in Nordic Constitutional Law*, Leiden：Martinus Nijhoff Publishers,2006.

③ See Kari a Rogvi,*West-Nordic Constitutional Judicial Review-A Comparative Study of Scandinavian Judicial Review and Judicial Reasoning*, Copenhagen：DJOF Publishing,2013.

④ See Anine Kierulf, *Judicial Review in Norway-A Bicentennial Debate*, Cambridge：Cambridge University Press, 2018.

⑤ See Jargen Albaek Jensen, "Denmark Judicial Review of Legislative Acts," *European Public Law*,vol. 3, no. 295(1997).

⑥ See Joalim Nergelius, "Judicial review in Sweden Law-A Critical Analysis," *Nordic Journal of Human Rights*,vol 27,no. 5(2009).

⑦ See Inger-Johanne Sand, "Judicial Review in Norway under Recent Conditions of European Law and International Human Rights Law-A Comment, " *Nordic Journal of Human Rights*,vol. 27,no. 160(2009).

⑧ See Andreas Follesdal, Marlene Wind, "Nordic Reluctance towards Judicial Review under Siege,"*Nordic Journal of Human Rights*,vol. 27,no. 131(2009).

合宪性:比较视角》一文对北欧四国(除去冰岛)的司法审查制度模式做了全面的比较分析。①

四、写作思路

本书的结构和内容主要分为五章,全面而深入地探讨北欧国家的司法审查制度及其实践。

第一章:北欧五国宪法制度与法律体系概述。本章概述北欧五国的宪法与北欧法系,这有助于全面理解北欧司法审查制度的政治和法律基本框架,为深入分析北欧司法审查提供必要的背景知识。

第二章:北欧五国司法审查制度生成与模式。本章探讨北欧各国司法审查制度的起源和发展,以及宪法、宪法性文件或基本法律中关于司法审查制度的具体规定。这一部分旨在通过考察议会主权体制与司法审查的相互作用和张力,揭示北欧司法审查制度的形成背景和法律基础。

第三章:20 世纪北欧司法审查遭遇的困境。本章着重探讨 20 世纪社会民主对北欧司法审查制度的影响。这包括社会民主主义在北欧各国的兴起、发展和衰落过程,社会民主运动与议会体制间的互动关系,以及司法审查在社会民主主导时期所遭遇的挑战和困境。这一部分旨在分析社会民主思潮如何塑造北欧的司法审查实践,以及这种政治背景对司法审查的影响。

第四章:欧洲一体化与北欧司法审查的复兴。本章分析欧洲一体化过程中跨国司法审查实践对北欧国家司法审查制度的影响,探讨欧洲一体化背景下北欧司法审查制度的适应和变革。

第五章:北欧司法审查制度与实践的普遍意义。基于前述的讨论和

---

① See Jaakko Husa, "Guarding the Constitutionality of Laws in the Nordic Countries: A Comparative Perspective," *The American Journal of Comparative Law*, vol. 48, no. 145(2000).

分析,本章深入探讨北欧司法审查制度与实践的普遍意义,包括司法审查与议会体制、社会民主、国际条约之间的相互作用和平衡。

　　研究方法:本书主要采用实证主义和比较分析的方法开展研究。实证主义研究将通过广泛收集和深入阅读北欧国家宪法、宪法性法律文本、司法判例和相关学术文献,直观、具体、生动地了解和把握北欧各国的司法审查制度与实践,从历史和当代视角深入分析北欧司法审查的发展脉络和当前状态,确保研究结果具有实践和理论的有效性。比较分析研究将通过比较北欧国家的司法审查制度与实践,揭示各国在司法审查方面的相似之处和差异。这种比较不仅能帮助理解北欧各国司法审查的"特殊性",也能促进对北欧地区作为一个整体的"共性"理解。

第一章　北欧五国宪法制度与法律体系概述

考虑到篇幅和深度的限制，全面阐述北欧五国的宪法和基本法律制度显然是一项不可能完成的任务。每一国的法律体系都是其历史、文化及社会价值观的复杂反映，且随着时间的推移而不断进化。因此，本章旨在突出这些国家法律制度中的若干显著特点，而非试图提供一个详尽无遗的描述。

第一节　北欧五国宪法制度

一、瑞典

瑞典有着悠久的立宪传统。最著名的宪章是 1319 年的权利法案，这个法案后来在 1350 年并入马格努·埃里克森时期的法典。1319 年权利法案设置了很多条款以限制王权，巩固等级议会的权力。这个法案还确立了贵族选举国王的权力。① 1371 年，瑞典国王就职时，首次发布当选宪章，在此之后成为惯例。瑞典第二个关键立宪时刻是 1809 年，宪法性文件《政府组织法》出台。《政府组织法》于 1809 年 6 月 6 日由四级议会通过，明确了君主立宪制，是欧洲最早的宪法性文件之一。

---

① 参见［丹］福尔默·威斯蒂主编：《北欧式民主》，赵振强、陈凤诏、胡康大等译，中国社会科学出版社 1990 年版，第 17 页。

瑞典现行宪法以《政府组织法》(1809 年制定,1974 年修订)、《王位继承法》(1810 年制定,1979 年修订)、《出版自由法》(1812 年制定,1949 年修订)和《议会法》(1866 年公布)为基础。这四部法律为瑞典的政治体系提供了基本框架,并明确了国家治理的原则和程序。同时,这些宪法性法律经常被修改,以保持其时效性。根据 1809 年《政府组织法》规定,国王和议会之间实行分权,该模式与美国宪法规定的政体形式有着某种程度的相似。然而,随着瑞典在 1840 年和 1870 年分别设立政治部门和内阁总理,内阁权力开始得到加强,而国王的权力因此遭到削弱。不过,当时瑞典议会选举权还十分有限。在 19 世纪,瑞典出现了关于所有人平等价值、权力分享和共同决定的新观念。与此同时,工业发展起飞,很多人开始从农村搬到城镇找工作。启蒙时代关于所有人的平等价值、代议制民主和共同决定的观念,促使来自下层社会的人们开始质疑既定的社会结构并要求政治变革。[①] 瑞典议会的改革发生在 1866 年。四级议会被二级议会取代,该议院旨在更准确地代表人民。不过,议会成员仍然只是拥有大量财产的人,投票权仍然仅属于社会上最富有的人。1974 年的瑞典宪法改革废除了议会的两院制,改为一院制。

二、芬兰

芬兰作为一个政治实体的存在历史可一直追溯到 12 世纪。从 12 世纪到建国前,芬兰先后经历了瑞典、俄国的统治。俄国十月革命后,芬兰于 1917 年 12 月 6 日宣布独立,苏维埃政权根据民族自决原则承认芬兰为一个主权国家。[②]

芬兰建国后一共颁布实施了两部宪法。第一部宪法是带有强烈总统制色彩的 1919 年宪法。这部宪法在之后几十年的时间里,虽在应对各种

---

① See "The History of the Riksdag", http://firademokratin.riksdagen.se/global/in-english/♯, accessed October 9,2020.

② 关于芬兰建国前的历史,参阅王祖茂:《当代各国政治体制:北欧诸国》,兰州大学出版社 1998 年版。

复杂政治局面中运行良好,但由于历史原因,并没有在民众当中获得完全的正当性。① 加之政治改革的需求,激进和全面的宪法修改便被提到重要日程上来。芬兰宪法修改始于 20 世纪 70 年代。当时的宪法修改委员会提出了基于左翼意识形态的全面修改宪法主张。但被当时的总统拒绝,代之以渐进的部分修改。较大范围的宪法修改则始于 20 世纪 90 年代。据统计,在 1991 年到 1995 年期间,芬兰议会最终批准的宪法修正案达 28 项之多。② 如此之多的局部修改势必影响到宪法的权威性和整体性。因此,对宪法性条款的全面整合又被提到日程上来。这便催生了芬兰的第二部宪法,即 2000 年宪法(1999 年议会批准,2000 年实施)。

与前一部宪法相比,2000 年宪法最显著的特征是芬兰由过去的总统制国家转变为议会制国家。③ 根据 1919 年宪法规定,总统拥有广泛的政治实权,且该宪法也并未提及议会制。不过在 1919 年到 1999 年期间,芬兰的议会政治实践得到了充分发展,议会中的各个政党特别是多数党逐渐在芬兰政治生活中发挥着主导作用。2000 年宪法可以说是对这一政治现实的最终确认,以基本法的形式确定了芬兰是一个议会制的国家。④ 2020 年宪法还使基本权利条款得到扩充。1919 年宪法在基本权利方面只规定了平等权、宗教自由、言论自由、住宅不受侵犯、通信自由等消极权利。⑤ 随着社会民主在芬兰的实践,以及 20 世纪 90 年代芬兰加入欧洲人权理事会和欧盟,原来的基本权利条款显然已经无法满足新的要求。

---

① See Ilkka Saraviita, *Constitutional law in Finland*, The Netherlands: Kluwer Law International BV, 2012, pp. 22-23.

② Ilkka Saraviita, *Constitutional law in Finland*, The Netherlands: Kluwer Law International BV, 2012, p. 27.

③ 芬兰现在也不是一个完全意义上的议会制国家,因为议会制度还是会被有效的半总统制统治所抵消。See Jaakko Nousiainen, "Form Semi-presidentialism to Parliamentary Government: Political and Constitutional Developments in Finlan," *Scandinavian Political Studies*, vol. 24, no. 95(2001).

④ See *The Constitution of Finland*, Section 3, June 11, 1999, https://www. finlex. fi/en/laki/kaannokset/1999/en19990731. pdf.

⑤ See *The Constitution Act of Finland*, Section 5-16, July 17, 1919, https:// www. refworld. org/docid/3ae6b53418. html.

对此,新宪法扩充了许多基本权利条款。在 2000 年宪法的第 2 章中,除罗列系列消极权利之外,还增加了许多经济、社会和文化权利,同时也包括了环境保护权。①

三、丹麦

丹麦宪法是丹麦王国的宪法,适用于丹麦王国的全部领域,包括丹麦本土、格陵兰和法罗群岛。丹麦的第一部宪法于 1849 年制定,目前的宪法则制定于 1953 年。丹麦的宪法体系及其历史发展是该国政治文化的基石。1665 年的《丹麦国王法》正式确立了绝对君主制,国王的权力几乎没有任何限制。然而,1848 年欧洲范围内的革命风潮影响到了丹麦,促使丹麦政府考虑政治体制的改革。在这一背景下,丹麦王国在 1849 年通过了首部宪法,结束了绝对君主制,建立了立宪民主制和议会制度。1849 年宪法标志着丹麦现代政治的开端,为丹麦社会带来了深远影响。

丹麦宪法历史发展的重要性远远超出了宪法文本本身。按时间顺序,丹麦宪法经历了如下重大调整:第一,1855 年和 1863 年的宪法调整。在第一次石勒苏益格战争后,为了解决继承和领土完整问题,丹麦通过了"Helstatsforfatning"(联合国家宪法),这次调整限定了原始宪法仅在丹麦本土适用,而非整个国家。但在第二次石勒苏益格战争后,丹麦失去了石勒苏益格和荷尔斯泰因,导致了新宪法的调整。第二,1901 年政治体制的变革。在长期的政治斗争后,丹麦最终在 1901 年接受了议会主义原则,即政府必须得到议会的支持才能执政。这标志着丹麦政治生活中议会主义的正式确立,尽管这一原则直到 1953 年才正式被写入宪法。第三,1915 年普选权的引入。1915 年,丹麦扩大了选举权,包括赋予女性投票权,并引入了新的宪法变更要求,即新宪法不仅需要连续两届议会通过,还必须经公民投票通过,其中要求有 45％ 的选民投票支持。第四,

①　See *The Constitution of Finland*, Section 6-23, June 11, 1999, https://www.refworld.org/docid/3ae6b53418.html.

1920 年石勒苏益格北部的回归。在第一次世界大战后,丹麦通过公民投票修改了宪法,确定了石勒苏益格北部的回归。这次公投导致石勒苏益格北部回归丹麦,而石勒苏益格南部则保留给德国。第五,1953 年宪法的现代化。1953 年的宪法修正废除了上议院,使丹麦国会成为单院制。此外,它还允许女性继承王位,并将修改宪法所需的公民投票支持率降至 40%。①

丹麦的宪法体系和历史发展展现了从绝对君主制到立宪民主制的转变过程,在这个过程中丹麦不断进行宪法修正和政治体制的调整,以适应不断深化的社会变革。丹麦宪法中规定的民主与法治原则、议会对政府的监督,以及对公民权利的保障,共同构成了丹麦现代政治的基础,也是丹麦社会公平公正、民主参与和法治原则的关键。

四、挪威

挪威宪法被称为《埃兹沃尔宪法》,于 1814 年 5 月 16 日通过,5 月 17 日正式签署。这部宪法标志着挪威政治的重大转变,挪威从与丹麦紧密联系过渡到建立独立的宪政君主体制的政体。《埃兹沃尔宪法》同时也是挪威独立的叙事。在 1814 年之前,挪威是丹麦-挪威王国的一部分,归共享的君主统治。1814 年 1 月签署的《基尔条约》将挪威割让给瑞典,此决定激起了挪威领导人和民众的强烈不满。作为回应,挪威的丹麦-挪威王储克里斯蒂安·弗雷德里克发起了挪威独立运动,进而召集了埃兹沃尔挪威制宪会议。会议于 1814 年 4 月在埃兹沃尔庄园召开,吸引了来自挪威各地的代表。这次会议召集了包括一大批农民在内的代表群体,在短时间内起草并签署了宪法,反映了挪威对国家主权的迫切渴望。

《埃兹沃尔宪法》受到了美国《独立宣言》、法国大革命及 1812 年《西

---

① For detail,see Peter Munk Christiansen, Jørgen Elklit,Peter Nedergaard,eds. , *The Oxford Handbook of Danish Politics*,Oxford:Oxford University Press,2020, pp. 10-27.

班牙宪法》的影响,体现了启蒙时代理念,如:立法、行政和司法三个权力部门分设;尽管保留了君主制,但国王的权力大为削弱,绝对否决权被取消;宪法规定了较为自由的选举权,特别是赋予了农民投票权,尽管设置了财产和收入的要求,但约 45% 的挪威男性获得了投票权。

虽然《埃兹沃尔宪法》奠定了挪威独立的基础,但由于国际形势的需要,挪威不得不在 1814 年晚些时候与瑞典形成了联合。尽管如此,挪威保留了相当程度的自治和宪法,并对宪法进行了必要的调整,以适应与瑞典的联合状态。

随着时间的推移,《埃兹沃尔宪法》经历了多次修订,以适应社会的变化和发展。特别是人权方面条款的补充,选举权的进一步扩大,以及在 1905 年挪威完全独立后的一系列改革,都体现了这部宪法的生命力和适应性。

《埃兹沃尔宪法》作为仍在生效的最古老的成文宪法之一,见证了挪威的独立过程。今天,《埃兹沃尔宪法》的精神仍然是挪威政治和法律体系的基石。每年的 5 月 17 日,挪威全国都会庆祝宪法日,以纪念《埃兹沃尔宪法》的签署。这一天成了挪威最重要的国家节日之一,通过游行、演讲和各种庆祝活动,挪威人民表达着对国家独立的珍视。①

五、冰岛

冰岛宪法的历史和发展轨迹为人们研究和探索一个国家如何通过宪法框架从属地转变为独立共和国提供了独特视角。冰岛的宪法发展历程是其国家身份和政治结构演进的一个显著例证。冰岛的宪法历史和文本是理解这个北欧国家从属地向独立共和国转变的关键。这段历史不仅揭示了冰岛人如何逐步建立自己的宪法体系,也体现了他们对独立、自治和民主的不懈追求。

---

① For detail, see Karen Gammelgaard, Eirik Holmøyvik, eds., *Writing Democracy The Norwegian Constitution 1814 -2014*, New York and Oxford: Berghahn, 2014, pp. 21-60.

19世纪欧洲大陆的民族主义浪潮和对公民权利要求的提高,为冰岛的宪法发展提供了外部环境。1849年,丹麦制定宪法,这一举措间接影响了冰岛。然而,这一变化在冰岛并没有受到欢迎,因为它意味着冰岛的自治权受到了进一步限制。冰岛人的内部事务由丹麦议会控制,冰岛人对此无能为力。不过,在1874年,冰岛在其定居千年之际,由丹麦国王克里斯蒂安九世颁布了首部宪法,这标志着冰岛在自治道路上迈出了重要一步。虽然这部宪法仍受到丹麦宪法的显著影响,但它确实为冰岛的自治和后续的独立运动奠定了基础,这是冰岛在追求更大自主权过程中的一个关键转折点。[1]

第二次世界大战期间,冰岛的独立运动获得了决定性进展。1944年6月17日,冰岛在一个几乎全民支持的公投后,在议会平原公园宣布成立独立共和国,通过了其第一部独立宪法。冰岛独立宪法的通过,确立了国家的共和国身份和采用议会制政府的政治体制,开启了冰岛作为一个独立国家的新篇章。

自1944年以来,冰岛宪法经历了几次修正,这些修正反映了冰岛在维护其宪法框架的同时,也在不断适应社会政治的变化。特别是1999年将阿尔汀转变为一院制议会的修正,标志着冰岛政治体制的重要变革。2010年至2013年间,冰岛尝试通过世界上首部众包宪法进行宪法改革,虽然未能最终实施,但这一尝试展示了公民参与在宪法制定和修正过程中的潜在力量。[2]

---

[1]　For detail, see Thorvaldur Gylfason, *The Anatomy of Constitution Making：From Denmark in 1849 to Iceland in 2017*. Cambridge：Cambridge University Press, 2020.

[2]　For detail, see H Torfason, *Influential Constitutional Justice：Some Icelandic Perspectives*, paper presented at the World Conference on Constitutional Justice, January 23-24, 2009, https://www. venice. coe. int/WCCJ/Papers/ISL_Torfason_E. pdf. Also see B Thorarensen, *The Impact of the Crisis on Icelandic Constitutional Law：Legislative Reforms, Judicial Review and Revision of the Constitution*, paper presented at the Workshop on Global Financial Crisis and the Constitutions, Athens, May 4, 2012, pp. 13-24, https://www. researchgate. net/profile/Bjoerg_Thorarensen/publication/289949295_The_impact_of_the_financial_crisis_on_Iceland origin = publication_list.

冰岛宪法的历史和发展过程不仅是冰岛人对独立和自我治理追求的记录,也是冰岛国家身份形成和发展的镜像。从 19 世纪末的初步自治,到 20 世纪中叶的独立建国,再到后续的宪法修正和改革尝试,冰岛的每一步发展都是冰岛人民共同价值观和社会理念演进的体现。

第二节　北欧法律体系简介

北欧法律体系的发展可以追溯到中世纪,当时各地区在行政和法律上几乎是独立的。这些地区的社会组织大致相同,法律沿着类似的轨迹发展,逐渐形成了一系列独立的法律系统。早期,这些法律系统主要由习惯法构成,之后逐渐受到大陆法系(尤其是德国法律传统)和英美法系的影响。北欧法系是一种独特的法律体系,结合了大陆法系(尤其是德国法律传统)和英美法系的特点。其最大特点是以成文法为基础,同时也重视判例法。此外,北欧国家的法律体系强调社会福利和平等,反映了其社会民主的价值观。具体而言:

第一,北欧法系的独特性在于其能够在成文法和判例法之间找到一种平衡,这种平衡体现了法律实践的综合性特征。与大陆法系和英美法系相比,北欧法系具有独特的法律文化和实践方式。

首先,与大陆法系的比较。大陆法系强调成文法的主导地位,其中法律条文清晰、系统化,是法律实践的基础。在大陆法系中,判例通常不被视为法律来源,司法解释旨在阐明和解释成文法,而不是创造新的法律规则。相比之下,北欧法系虽然也重视成文法,但在实际操作中,判例和司法解释发挥了更为重要的作用。这表明,尽管北欧法系在表面上与大陆法系相似,但在实践中却赋予了判例法更大的重要性,以适应法律的发展和社会的变迁。其次,与英美法系的比较。英美法系以判例法为核心,判例具有法律约束力,法官在裁判中创造法律。在这种体系中,历史判决对后续案件有着直接的指导作用,判例的积累构成了法律的主体。相比之下,北欧法系虽然采用判例,但判例的作用并不如在英美法系中那样明显。北欧法系中的判例更多地被视为对成文法的解释和补充,而非法律规则的独立来源。这表明北欧法系在尊重成文法的基础上,通过判例法引入了一定程度的灵活性和适应性,但没有达到英美法系那样的程度。

可见,北欧法系具有独特的综合性。北欧法系的这种独特性,既保持了法律体系的稳定性和可预测性,又允许对新情况和复杂问题进行灵活应对。成文法的系统化和逻辑性提供了法律实践的基础框架,而判例法的灵活性和适应性则为法律实践提供了必要的动态调整能力。这种结合使北欧法系能够在保持传统法律价值的同时,适应现代社会的需求。北欧法系的这一综合性特征,在全球法律体系中是独一无二的。它不仅展示了不同于大陆法系和英美法系的第三条路径,也为法律理论和实践提供了宝贵参考,特别是在处理那些需要在法律稳定性与灵活性之间寻找平衡的复杂问题时。总之,北欧法系的独特之处在于其能够有效地结合成文法的清晰度与判例法的灵活性,这种法律体系的构建既反映了对传统的尊重,也展现了对变化的适应,从而在全球法律体系中占据了一席之地。

第二,北欧国家的法律体系深受其社会民主价值观的影响,这些价值观强调社会福利、平等与正义。这种法律文化不仅反映了北欧国家对民主和社会正义的承诺,而且体现在法律制度和实践中,尤其是在构建社会保障系统和确保公民权利方面。

首先,对社会福利与平等的重视。北欧法律体系特别强调平等原则,这一点体现在其各项法律和政策中,目的是确保所有公民无论性别、年龄、种族或经济地位高低都能享有平等的权利和机会。这种平等观念渗透在教育、就业、医疗保健等多个领域的法律规定中,旨在消除社会不平等,促进社会和谐。北欧国家通过立法确保社会各成员之间的平等权利,比如性别平等法律、反歧视法律等,这些法律不仅禁止各种形式的歧视,还采取积极措施保障被边缘化或弱势群体的权益,比如通过设立配额制度来确保女性在政治和商业决策中的代表权。

其次,构建强大的社会保障系统。北欧法律体系的另一个显著特点是其对强大社会保障系统的建设。这个系统旨在保护公民免受失业、疾病、老龄化和其他社会风险的影响。通过提供全民医疗保健、充足的养老金、失业救济等福利,北欧国家确保其公民在面临生命中的各种挑战时能够获得必要的支持。这种社会保障体系的建立,不仅体现了对公民基本权利的保障,也反映了一种深层次的社会合同,即个人和社会之间的一种协议——通过税收和其他方式共同贡献资源,以确保每个人在需要时都能获得帮助。

最后,追求平等和正义的核心价值观。北欧法律体系中对平等和正义的追求是其核心价值观的体现。这些价值观不仅是北欧社会政策的基础,也是其法律实践和理论的指导原则。这种追求体现在对社会福利的强调、对社会保障系统的建设及对所有公民平等权利的保障上。

可见,北欧国家的法律体系与其社会民主价值观紧密相连,这些价值观强调平等、正义,以及对社会弱势群体的保护。北欧法律体系的这一特征不仅体现在立法中,也渗透到了社会政策和日常法律实践中,形成了一个以人为本、注重社会福利的法律和社会保障体系。

总体而言,北欧法律体系的独特之处在于其结合了大陆法系和英美法系的特点,发展出一种既强调成文法的系统性和逻辑性,又兼顾判例法的灵活性和适应性的综合法律体系。同时,北欧法律体系深刻反映了对社会福利和平等的重视,体现了对所有公民平等权利和社会正义的承诺。①

① For detail, see Jaakko Husa, Kimmo Nuotio, eds., *Nordic Law-Between Tradition and Dynamism*, Oxford:Intersentia Antwerp,2007,pp. 2-10.

第二章　北欧五国司法审查制度生成与模式

本章将详细分析北欧五国司法审查制度的形成背景及其发展动因，对北欧五国的司法审查模式做一个全面的比较，深刻剖析议会主权体制下司法审查所依赖的法理基础及其在实践中的作用和限制，并对瑞典的议会制度和芬兰的司法审查制度做详细的介绍。

第一节　北欧五国司法审查制度生成归因探析

在展开北欧司法审查制度生成归因的探索之前，这里有必要先简述一下宪法学领域的两个研究范式，即基于应然与实然、规范与事实的不同，宪法学研究可分为规范主义和决断主义两种不同的分析路径。所谓规范主义宪法学又可以称为法律实证主义或形式主义宪法学，它重视宪法文本规范，专注于制度和规范层面的分析，并强调法学方法、逻辑推演等研究方法的应用。所谓决断主义宪法学又可称为社会实证主义或实质主义宪法学，它重视现实政治力量对宪法领域的影响，专注于社会政治现实及统治者的宪法意志，并强调社会学方法、经验探索等研究方法的应用。①

若以规范主义宪法学来探析北欧司法审查的生成，则其分析路径便是考察周遭制度环境和规范（政治、法律乃至社会制度）以判断法院司法

---

① 关于两者的具体阐述，参见郑君贤：《如何对待宪法文本——法律实证主义与社会实证主义宪法学之争》，《浙江学刊》2006 年第 3 期。

审查能否成立。对此，可概括为规范主义的生成归因。决断主义宪法学则是通过分析现实政治环境、政治力量对比及政治动机需求等来探索法院司法审查的生成原因。对此，可将其总结为政治决断的生成归因。参见图 2-1。

图 2-1　司法审查制度生成归因

下文将分别通过上述两条不同的分析路径来探索北欧司法审查的生成原因。这里将揭示，制度环境与规范特别是议会主权体制并不是法院司法审查制度生成与否的根本原因，而只是扮演了极次要的角色。北欧司法审查生成的关键因素在于政治动机，是政治上的需求启动了司法审查。

一、规范主义归因的失效

导论中已指出，根据历史、地理、文化乃至政治制度的不同，北欧可分为北欧西部三国（挪威、丹麦、冰岛）和北欧东部两国（瑞典、芬兰）。[①] 其中，北欧西部可以说是世界范围内司法审查的先驱者。挪威继美国之后在欧洲最先发展出法院司法审查，该制度在 1814 年颁布《挪威宪法》后逐渐形成，且在 1880 到 1920 年间已经频繁应用。[②] 丹麦和冰岛在 19 世纪末也发展出法院的司法审查权。[③] 北欧东部两国瑞典和芬兰虽分别于 1974 年和 2000 年才在宪法中确认了法院的司法审查权，但两国对司法

---

①　See Jaakko Husa, Kimmo Nuotio, eds., *Nordic Law-Between Tradition and Dynamism*, Oxford: Intersentia Antwerp, 2007, pp. 2-10.

②　See Ragnhildur Helgadottir, *The influence of American theories on Judicial review in Nordic constitutional law*, Leiden: Martinus Nijhoff Publishers, 2006, p. 1.

③　See Jaakko Husa, Kimmo Nuotio, eds., *Nordic Law-Between Tradition and Dynamism*, Oxford: Intersentia Antwerp, 2007, pp. 2-10.

审查早已有所讨论,并广泛接受,同时也早已存在一些司法审查案例。[①]北欧特别是北欧西部如此之早就已确立了法院的司法审查权,这能否从他们的制度环境与规范里寻求答案呢?

在探讨北欧司法审查的制度环境与规范前,有必要先确认一下学界一般认为的有利于或不利于法院司法审查制度生成的政治、法律、社会环境和规范有哪些。

一是立宪传统与制度,也是最主要的影响因素。从立宪传统看,西方世界有美式路线和欧陆路线这两种不同的路径选择。[②]美式路线起源于美国独立革命。由于革命的矛头并不是推翻国内的政治精英,而是强调各国家机关的独立并相互制衡,因此确立了权力分立和制衡原则。在这种立宪传统下,往往会建立起三权分立的体制,而司法机关在宪法审查中则拥有"最后说了算"的权力。欧陆路线起源于法国大革命。革命矛头直指旧制度精英特别是国王,其目的是增强人民的政治话语权,因此强调的是人民主权原则。在这种立宪传统下,往往会建立起议会主权体制。显然,议会主权体制的确立和发展对于他们来说代表着光荣的过去和人民的胜利,因此任何审查议会权力的行为都会被贴上"离经叛道"的标签。

二是中央与地方关系。在联邦制下,由于中央权力是由各州授予的,中央只能行使宪法所赋予的权力,而各州之间又是平等和相对独立的政治实体,因此,当中央与地方之间、地方不同州之间发生权限纠纷时,法院自然能扮演关键角色。相反,在单一制下,地方相对于中央而言,本质上只不过是内部的行政区域划分而已。因此,在单一制下,当中央与地方之间、地方不同州之间发生权力纠纷时,则可通过立法和行政手段解决。[③]

---

① See Helle Krunke, Bjorg Thorarensen, eds. , *The Nordic Constitutions-A Comparative and Contextual Study*, London: Hart Publishing, 2018, pp. 113-115.

② See Eberhard Grabitz, Rudolf Hrbek, *Grundrechte in Europa und USA*: *Strukturen nationaler Systeme* (German), Verlag: Engel Norbert, 1986, pp. 203-259.

③ See Martin Shapiro, "The Success of Judicial Review. " in S. J. Kenney, W. M. Reisinger, J. C. Reitz, *Constitutional dialogues in comparative perspective*, New York: St. Martin's Press, 1999, pp. 193-219.

三是社会结构类型。根据国内社会成员成分和种族的结构,国家可分为多元社会国家和同质化社会国家。在多元社会里,由于存在着不同种族、利益集团、政治派别等,社会矛盾和纠纷甚至包括政治矛盾难以通过单一的民主机制加以解决——因而法院在化解社会矛盾时扮演着重要角色。而在同质化社会里,由于社会成员一般来自同一族群,相互之间的矛盾也可以在民主机制中通过协商方式妥善化解——因而法院的分量也会相对降低。[①]

四是遵循的政治哲学原则。如果一个国家奉行自由主义政治哲学,那么就意味着这个国家注重的是个人权利保障。这类国家的法院往往更加积极保障个人权利。相反,如果一个国家奉行社群主义政治哲学,那么就意味着这个国家推崇的是集体主义或团结思想,注重民主机制对个人权利的保障。

通过以上简要概述,影响法院司法审查的有利与不利的制度环境和规范,可分别总结为四点,参见表 2-1。

表 2-1　影响法院司法审查的有利因素与不利因素

有利因素	美式立宪传统与权力分立体制、联邦制、多元社会、自由主义
不利因素	欧陆立宪传统与议会主权体制、单一制、同质社会、社群主义

那么,北欧五国的情况如何? 相当出乎意料的是,无论从立宪传统与制度、中央与地方关系来看,还是从社会结构类型、遵循的政治哲学原则来看,北欧都不太可能发展出法院司法审查制度。

首先,从立宪传统与制度来看,北欧各国都属于“欧陆传统”。北欧国家自觉认同法国大革命传统,认为法律是人民公意和民主多数表决的结果。[②]这

---

① See Martin Scheinin, ed. , *The Welfare State and Constitutionalism in the Nordic Countries*, Copenhagen: Nordic Council of Ministers, 2001, pp. 29-30.

② See Joakim Nergelius, *Nordic and other European Constitutional Traditions*, Leiden: Brill Nijhoff, 2006, pp. 3-4.

自然会削弱基于个人权利对法律进行司法审查的普遍接受性。① 立宪制度上，北欧国家一律采取的是议会制，议会在国家政治生活中扮演着核心角色。② 与此同时，虽然北欧各国宪法都保障了司法独立，但法院一般都被认为是议会的下属机关，法官的性质也与行政机关公务员无异。此外，北欧国家的宪法发展历史也普遍反映了对法院参与宪法事务的怀疑，即便在挪威这一相对积极的国家，也不可随意质疑和否定议会决定。③

其次，从中央与地方关系来看，北欧诸国都是单一制国家。这意味着北欧法院从来不需要解决地方机关与中央机关的权限冲突。④

再次，从社会结构类型来看，北欧地区是同质化程度非常高的社会，宗教信仰、民族性格、文化传统等都高度趋同。这种对自我和他者的理解大大减少了政治上多数人与少数人之间的矛盾冲突。⑤

最后，从遵循的政治哲学原则上看，北欧以主张社群主义而著称于世。这通常伴随着对个人权利的怀疑，以及对整体社会利益和国家的压倒性信任。⑥ 此外，与美国人把政府当作"敌人"和必须加以严防的对象不同，北欧人民与政府之间有着非常和谐的关系，政府被人民视为"朋友"。实践中，在过去两百年间，北欧国家也没有经历过暴政，同时还有为世人所称道的福利国家建设和优质的民主治理。

---

① See Juha Lavapuro, Tuomas Ojanen, Martin Scheinin, "Rights-based Constitutionalism in Finland and the Development of Pluralist Constitutional Review," *International Journal of Constitutional Law*, vol. 9(2011), pp. 505-531.

② 芬兰原先是一个半总统半议会制国家，2000 年宪法颁布后变成了一个完全意义上的议会制国家。

③ See Helle Krunke, Bjorg Thorarensen, eds., *The Nordic Constitutions: A Comparative and Contextual Study*, London: Hart Publishing, 2018, p. 120.

④ See Helle Krunke, Bjorg Thorarensen, eds., *The Nordic Constitutions: A Comparative and Contextual Study*, London: Hart Publishing, 2018, p. 135.

⑤ See Marlene Wind, "Nordic Reluctance towards Judicial Review under Siege," *Nordic Journal of Human Rights*, vol. 27, no. 131(2009).

⑥ See Marlene Wind, "Nordic Reluctance towards Judicial Review under Siege," *Nordic Journal of Human Rights*, vol. 27, no. 131(2009).

如果我们把上述因素考虑进来,北欧司法审查所面对的是一个非常"恶劣"的周遭制度环境和规范。按照传统理论来看,北欧绝无发展出法院司法审查的可能。如果规范主义的生成归因并不能揭示法院司法审查起因的话,那么什么才是关键的因素?换言之,是什么扳动了北欧法院对议会立法的司法审查?

二、政治决断归因的展开

前文表明,从制度环境和规范层面去探究北欧法院能否进行司法审查显然是找错了分析素材。那么,通过决断主义的分析路径能否找到答案呢?在讨论之前,这里先罗列一下过去两百多年在北欧五国中的几大政治矛盾和事件。简要而言,有以下三大政治矛盾。

一是外部势力干涉与民族独立运动。如根据 1814 年《基尔条约》,丹麦被迫将挪威割让给瑞典,挪威人民为争取独立,在艾德斯沃尔召开了制宪会议并颁发《挪威宪法》。而后瑞典武装进入挪威,双方经历短暂武装冲突后签订停火协议。[①] 还有,冰岛历史上长期作为丹麦的附属国存在,在"二战"期间,盟军为了对抗德国又占领了冰岛。

二是国内各方政治力量和派系的斗争。如在 1848 年欧洲革命之后,丹麦推翻绝对君主制,并制定了一部以自由民主为基调的宪法。此后自由民主力量主导着丹麦政治。而在 20 世纪 30 年代后,丹麦左翼力量社会民主党长期执政,但丹麦一直存在进步力量与旧势力、左派与右派的政治斗争。又如在瑞典,在 1936 年到 1969 年期间社会民主党长期执政,那段时间瑞典政治可以说是由一个强大、稳定的一党所主导的。但 20 世纪 70 年代,随着社会民主的式微,瑞典社会民主党又失去了执政地位,瑞典开始由资产阶级右翼执政。

---

① 在挪威历史上,1397 年与丹麦、瑞典结成卡尔马联盟,受丹麦统治。1523 年瑞典恢复独立后,卡尔马联盟瓦解,但丹麦和挪威仍然维持着联盟国家。1807 年,丹麦-挪威联盟在拿破仑战争中站在法国这一边。拿破仑战争后签订《基尔条约》。

三是民族国家主权与跨国司法审查。如芬兰一直奉行卢梭式的人民主权原则并竭力维护民族国家的主权。但在 20 世纪 90 年代,芬兰签署了《欧洲人权公约》,同时加入了欧盟,这不仅意味着芬兰司法主权的部分让渡,也意味着对芬兰议会主权的限制。因为根据《欧洲人权公约》而设立的欧洲人权法院及欧洲法院(欧盟的法院)有权根据条约来审查缔约国的国内法是否存在违反条约的情形。[①]

那么,上述所罗列的三大政治矛盾及其具体政治事件跟北欧法院司法审查的生成有什么相关性呢? 事实上,北欧法院司法审查制度得以生成,与这些政治矛盾及事件有着直接的关联:在抵御外部势力干涉上,司法审查是政治手段;面对国内各方政治力量和派系的斗争,司法审查是妥协的产物;而司法审查的目的之一,是维护民族国家的主权。

(一)抵御外部势力干涉

在挪威,法院司法审查的生成直接源于上述与瑞典的停火协议。协议除了使挪威妥协成为瑞典统治下的王国并与瑞典组成联盟外,另一重要内容就是,瑞典同意除非对于联盟非常之必要,否则不得修改《挪威宪法》。任何对于《挪威宪法》的修改都要与挪威议会协商一致。这便带来了两个结果:一是《挪威宪法》变成了一部刚性并可直接适用的法律;二是宪法解释变得尤为重要。[②] 正是基于上述政治背景,为了维护挪威的自治权和有限主权,此后数十年里,挪威最高法院以手中的司法权力,通过解释宪法的方式在实践中不断发展出法院的司法审查权。1905 年挪威完全独立后,挪威最高法院又成为政治互动的关键要素。挪威最高法院通过解释宪法中关于议会、政府和国王的权力及其相互关系,在确保新政权的稳定和合法性中发挥了至关重要的作用。也正因如此,挪威的法院

---

①　See *European Convention on Human Rights*, Article 34, https://www.echr.coe. int/Documents/Convention_ENG. pdf accessed April 12, 2024.

②　See Ragnhildur Helgadottir, *The influence of American theories on Judicial review in Nordic constitutional law*, Leiden: Martinus Nijhoff Publishers, 2006, p. 5.

司法审查在其国内具有相当高的正当性和认可度,且在北欧五国中也表现得最为开放和积极。

冰岛在 1874 年已有宪法,不过该宪法更多强调的是冰岛的自治权而非公民的个人权利。很长一段时间内,法院司法审查在冰岛都并不是一个重要议题,冰岛法院司法审查的频繁实践出现在"二战"之后。为了在盟军占领期间能够有效保持冰岛的独立性,冰岛最高法院开始实际介入司法审查领域,而不是停留在理论和原则层面。[①]

(二)国内政治力量的妥协

1848 年欧洲革命之后,丹麦在 1849 年制定了一部宪法。这里值得指出的是,该部宪法以权力分立和权利保障为基本特征。[②] 如果从规范主义的视角分析,那么丹麦也应能像挪威那样很早就发展出法院司法审查,甚至更为积极。但是,何以丹麦并没有像挪威那样存在如此发达的司法审查制度呢?

追根溯源,这与丹麦最高法院在绝对君主制时期的角色有很大关系。丹麦最高法院的历史可以一直追溯到 1661 年,且在旧体制中一直扮演着重要角色。简言之,丹麦最高法院就如同法国大革命前的法国最高法院一样,在人民当中声誉相当差,自然在革命后也无从谈起对议会立法的审查。因此,尽管丹麦在革命后制定了一部以权力分立和权利保障为特征的宪法,但自由民主力量认为丹麦最高法院是旧势力的代表,故其司法审查权也遭到强烈的反对。直到 1971 年,丹麦各政治派别才普遍承认对立法法案进行司法审查的原则。如今,丹麦法院司法审查作为习惯法无疑

---

① See Kari a Rogvi, *West-Nordic Constitutional Judicial Review-A Comparative Study of Scandinavian Judicial Review and Judicial Reasoning*, Copenhagen: DJOF Publishing, 2013, p. 233.

② See Kari a Rogvi, *West-Nordic Constitutional Judicial Review-A Comparative Study of Scandinavian Judicial Review and Judicial Reasoning*, Copenhagen: DJOF Publishing, 2013, pp. 188-189.

达到了宪法规则的等级。①

在瑞典,社会民主党一直以来坚定地捍卫多数主义和大众的民主主权观,敌视对当选议员的内在制约。基于左翼意识形态的理解,瑞典社会民主党人认为:普遍和平等的投票权才是唯一真正的权利,其他所有的权利只有也必须通过民主机制才能实现;强调个人权利高于多数民主不仅是没有必要的,同时也是对民主的一种阻碍。② 他们甚至对法律委员会对法律草案进行审查都非常不情愿。不过,随着社会民主的式微和资产阶级右派上台执政,情况发生了急转。法院司法审查作为瑞典左右派政治力量妥协的产物,在 1974 年新宪法修订中得到了体现。这便是《瑞典政府组织法》第 11 章第 14 款的政治背景(下文将详解这一条款)。

(三)融入欧洲一体化

在芬兰,实际上《芬兰宪法》中已经明确规定了议会专门委员会的司法审查权。该委员会在过去近百年来是芬兰唯一肩负着宪法守护者重任的机构。那么,芬兰后来为什么又发展出法院的司法审查权呢?这跟欧洲区域一体化及跨国司法审查的兴起有着直接关系。为了更好地融入欧洲一体化进程,芬兰在 1990 年加入欧洲人权理事会,之后不久,芬兰宪法委员会就要求法院在对所有国内法包括所有议会立法的解释中强调"人权导向解释"的重要性,以避免与《欧洲人权公约》冲突。③ 同时,加入欧洲人权理事会也激励了芬兰对国内宪法权利保护范围和机制

---

① See Kari a Rogvi, *West-Nordic Constitutional Judicial Review-A Comparative Study of Scandinavian Judicial Review and Judicial Reasoning*, Copenhagen:DJOF Publishing,2013, pp. 188-189.

② See Joakim Nergelius, ed., *Constitutionalism: New Challenges: European Law from a Nordic Perspective*, Leiden:Brill Nijhoff Publishers,2007,pp. 135-153.

③ See Tuomas Ojanen, "From Constitutional Periphery Toward The Center-Transformations of Judicial Review in Finland," *Nordic Journal of Human Rights*, vol. 27, no. 2(2009).

的全面改革。① 更值得一提的是,芬兰在 1995 年加入欧盟,使得芬兰法院可以直接根据欧盟法来审查所有的国内法是否与之相符,虽然当时法院仍未被允许审查议会立法的合宪性。② 所有这些变化都意味着,芬兰各界不得不考虑在司法审查主体方面"改弦更张",重新审视是否以及如何在芬兰推进法院对议会立法的审查。最后的结果便是 2000 年《芬兰宪法》第 106 条的出台(下文将详解该条款)。

三、小结:关键在于政治需求

由上述分析可知,议会主权体制也完全可以容纳"司法至上"。司法审查与议会主权体制在理论上和实践中虽存在一定张力,但并不存在所谓根本矛盾。在议会主权体制下,司法审查只是"多或少"的问题,并不是"有或无"的问题;在北欧法院司法审查制度的生成过程中,北欧各国的制度环境与规范并没有扮演关键角色,其中的关键因素在于政治形势的需求。换言之,司法审查是北欧五国根据自身政治需求而做出的政治决断,与制度环境和规范特别是议会主权体制关联性不大。

第二节　北欧五国司法审查模式比较

北欧各国司法审查模式呈现出多元化的形态。下文将全面梳理北欧各国的司法审查模式。

---

① See Tuomas Ojanen, "From Constitutional Periphery Toward The Center-Transformations of Judicial Review in Finland," *Nordic Journal of Human Rights*, vol. 27, no. 2(2009).

② See Juha Lavapuro, Tuomas Ojanen, "Rights-based Constitutionalism in Finland and the Development of Pluralist Constitutional Review," *International Journal of Constitutional Law*, vol. 9(2011), pp. 505-531.

一、司法审查模式分类的理论分析框架

由于这一部分是对北欧五国而非一国的司法审查模式进行研究,目的是通过梳理和归纳北欧五国司法审查模式的"共性"和"特殊性",以总结规律和特点,因此,比较宪法学的分析视角就显得尤为重要。在比较宪法学中,最为经典的四种司法审查模式分类法就是根据审查主体、方式、时间和性质的不同,分别将司法审查模式分为两类。[①] 具体如下:

第一,根据审查主体不同,可分为立法审查和司法审查。所谓立法审查是指立法机构自身或者其内部独立机构对立法是否合宪的审查,即对法律的司法审查采取的是一种立法机关的自我审查模式。如英国议会上下两院法律委员会的宪法审查。[②] 司法审查指的是司法性质的机关对规范性法律文件是否合宪进行审查,突出强调司法机关作为审查主体的地位。如美国普通法院或德国宪法法院对立法的宪法审查。

第二,根据审查方式不同,可分为分散审查和集中审查。分散审查将宪法审查的权力赋予不同的机构,特别是各级法院。这意味着普通的法官都有宪法审查的权力。如在美国,每个普通法院的法官在具体个案审查中都有权对立法是否合宪进行审查。集中审查意味着由一个专业的宪法法院或宪法委员会,或由最高法院作为独立且唯一的机关专门行使宪法审查权,典型的如德国的宪法法院或法国的宪法委员会。

第三,根据审查时间不同,可分为事前审查和事后审查。事前审查发生在立法起草、审议和通过前的阶段,其目的是在立法尚未进入实质实施阶段前确保立法的合宪性,故又可称为立法的合宪性控制。如法国的宪法委员会,其主要职能就是对议会立法草案的合宪性控制。事后审查则

---

① See Mauro Cappeletti, William Cohen, *Comparative Constitutional Law: Cases and Materials*, Indianapolis: Bobbs-Merrill, 1979, pp. 19-20.

② 法律委员会是一个独立的法定机构,根据 1965 年《法律委员会法》的规定设立。关于法律委员会的具体内容和规定可登录英国法律委员会官方网站:http://www.lawcom.gov.uk/(2020 年 3 月 5 日访问)查阅。

刚好相反,它发生在立法生效和实施之后,目的在于确保立法在实施和适用过程中的违宪情形得到纠正。如美国普通法院的审查模式。

第四,根据审查性质不同,可分为抽象审查和具体审查。抽象审查并不以具体的司法案件为前提,而是认为或者假定某部法律违反了宪法,如德国宪法法院和法国宪法委员会就有这种职能;所谓具体审查,主要是指公民或组织在个案申诉中认为法律规范本身侵害了其利益,从而向法院提出判定该法律规范违宪的请求。它是在具体个案背景下对涉及法律性和规范性问题的判断。如美国普通法院审查模式就是一种典型的具体审查模式。由此,根据比较宪法学的四种分类方法,司法审查模式可分别分为不同类型,如表 2-2 所示。

表 2-2 司法审查模式的类型

分类依据	类型划分	
审查主体	立法审查	司法审查
审查方式	集中审查	分散审查
审查时间	事前审查	事后审查
审查性质	抽象审查	具体审查

二、议会主权体制下的多元司法审查模式

设定理论分析框架后,接下来便进入对北欧五国司法审查模式的比较分析。对此,下文首先对每种司法审查模式类型的制度环境、成立理由或各自优劣势做简述,然后具体探讨北欧五国司法审查的情况并做总结分析。

(一)立法或司法

立法审查主要存在于议会主权体制国家。议会主权体制意味着一切权力归议会,其他国家机关特别是法院对议会立法的监督和审查就是"以下犯上"。因此,在这种体制下往往会建立起以"自查自纠"为主要方式的

司法审查模式,即立法审查模式(立法机关审查模式)。如英国议会就是通过上议院和下议院法律委员会事前审查和事后审查相结合的方式对立法进行司法审查的。[①] 立法审查由国家权力机关直接实施,故而拥有无可辩驳的正当性基础。

司法审查一般存在于权力分立体制国家。权力分立意味着需要一个独立于立法机关之外的国家机关以审核立法,而司法机关特别是法院天然地承担了这一重任。其正当性源于司法与法官的独立、法官职业的专业性和中立性,以及法院在司法实践中对公民基本权利的有力保障。司法审查涉及具体个案且有独立性保障,因此受到绝大多数国家的青睐。不过,其最大问题是存在反多数主义难题。

从政体上看,北欧五国都是议会主权体制。那么,五国是否只能选择立法审查而不能触碰司法审查呢?

首先来看芬兰。芬兰的司法审查工作过去长期以来主要由议会专门委员会即宪法委员会承担,对此,可以一直追溯到 1882 年。1882 年有一个法案被提交到芬兰议会专门委员会(宪法委员会前身)以寻求意见。委员会并不从政治的角度,而是从是否合宪的角度来发表意见。1906 年芬兰议会专门委员会改名为宪法委员会后,一直以"委员会已经从宪法的角度审查了该法案"来作为它对立法案意见的表述。[②] 芬兰宪法委员会如此表述目的在于表明自己发表意见的独立性和中立性,并不受党派利益的左右。[③] 一个多世纪以来,宪法委员会一直作为芬兰唯一和独立的司法审查主体肩负着守护宪法的重任,并在芬兰国内具有很高的声望和权威。因此,宪法委员会的审查是一种强立法审查。不过如前所述,20 世纪 90 年代芬兰签署《欧洲人权公约》和加入欧盟扭转了这一局面。为了积极回应欧洲人权法院的跨国司法审查,以及快速融入欧洲一体化,芬兰

---

① 参见童建华:《英国违宪审查》,中国政法大学出版社 2011 年版,第 54—68 页。

② See Ilkka Saraviita, *Constitutional law in Finland*, New York:Kluwer Law International,2012,p. 159.

③ See Ilkka Saraviita, *Constitutional law in Finland*, New York:Kluwer Law International,2012,p. 159.

在 2000 年宪法中增设了宪法优先适用条款,即《芬兰宪法》第 106 条,该条款规定:"如在法院审理的案件中,适用某一法律明显与宪法冲突,法院应优先适用宪法规定。"[1]如此一来,芬兰的司法审查模式可被认定为一种强立法审查与有限司法审查并举的模式,即以议会宪法委员会审查为主、法院的司法审查为辅的混合模式。

其次来看瑞典。瑞芬两国在许多政治和法律制度上都有着高度的相似性。说到瑞典的宪法审查模式,必定要提到法律委员会。该委员会从 1909 年开始就已经实践对立法草案的司法审查。根据《瑞典政府组织法》第 8 章的规定,由瑞典最高法院的法官和前任法官参与的法律委员会应该对议会立法发表意见。而委员会成员往往根据基本法来判断立法草案是否合宪。[2] 不过,从第 8 章的规定看,法律委员会所发表意见的效力并没有独立或高于其他国家机关。但由于这些意见的形成由法官参与且专业性较强,同时也不存在党派利益,因此为瑞典立法的合宪性提供了一定的保障。[3] 由此可见,瑞典法律委员会所从事的是一种弱立法审查。瑞典除具备立法审查模式外,在 1974 年的宪法修订中还设置了有限的司法审查制度(立法不适用条款),即根据《瑞典政府组织法》第 11 章第 14 款规定,如果法院或其他机关发现某项法律与基本法或其他上位法相抵触,则该法不应被适用。[4] 该条款为法院对与宪法相冲突的立法进行审查提供了规范依据,虽然法院不能宣布立法违宪而只是不予适用。由此,我们可以认定瑞典司法审查是一种弱立法审查与有限司法审查并举的模式。

---

[1] See *The Constitution of Finland*, Section 106, June 11, 1999, https://www.finlex.fi/en/laki/kaannokset/1999/en19990731.pdf, accessed March 6, 2020.

[2] See Joakim Nergelius, *Constitutional Law in Sweden*, New York: Kluwer Law International, 2011, p. 286.

[3] See Joakim Nergelius, *Constitutional Law in Sweden*, New York: Kluwer Law International, 2011, pp. 286-291.

[4] See *The Instrument of Government*, Sweden, Art 14, Chapter 11, https://www.riksdagen.se/globalassets/05.-sa-fungerar-riksdagen/demokrati/the-instrument-of-government-2023-eng.pdf, accessed April 12, 2024.

最后来看北欧西部三国挪威、丹麦和冰岛。与上述两国不同,挪威、丹麦和冰岛虽然也都是议会主权体制,但三国都没有在议会内部设置类似瑞典的法律委员会或芬兰的宪法委员会这样的司法审查机构。换言之,北欧西部三国的议会都放弃将立法的司法审查掌握在自己手中,而是将其交予司法机关即法院。挪威司法审查缘起于1814年《挪威宪法》及之后的政治形势发展。1814年签订《基尔条约》后,丹麦将挪威割让给瑞典,挪威人民为捍卫自身尊严和相对独立而制定了《挪威宪法》。为了保证挪威在瑞典治下享有有限的主权,挪威最高法院频繁解释和适用宪法条文以竭力维护挪威利益,抵御瑞典对挪威事务的过度干涉。此后数十年间,挪威最高法院的司法审查不断趋于完善。[①] 由此可以认为,是历史和政治因素让挪威选择了司法审查模式而非立法审查模式。至于丹麦和冰岛,由于两国的司法审查不管在理论上还是实践上都效法挪威,因此也选择了司法审查模式而非立法审查模式。[②]

综上,北欧五国虽都是议会主权体制,但并非全都采取立法审查模式。相反,五国都有不同程度的司法审查存在。北欧五国的做法亦揭示了一个道理,即立法审查与司法审查并不是非此即彼的选择,一国完全可以采取立法审查与司法审查并举的模式。

(二)集中或分散

集中审查的一个关键特征是专业化。在该模式中,关于立法是否合宪的审查由具备专业宪法知识的法官或专家进行,因此审查质量得到了有效保障。不过,该模式的缺点在于效率较低。由于审查工作由少数法官或专家进行,因此往往不能及时有效处理。分散审查的优缺点正好与

---

① See Kari a Rogvi, *West-Nordic Constitutional Judicial Review-A Comparative Study of Scandinavian Judicial Review and Judicial Reasoning*, Copenhagen:DJOF Publishing,2012, pp. 116-121.

② See Kari a Rogvi, *West-Nordic Constitutional Judicial Review-A Comparative Study of Scandinavian Judicial Review and Judicial Reasoning*, Copenhagen:DJOF Publishing,2012, pp. 87-266.

集中审查相反。该模式的优点在于效率高。由于分散模式意味着普通法院的法官都有权进行司法审查，因此往往是及时和有效的。该模式的缺点在于专业性不强。分散审查理论上需要每个法官都具备司法审查的能力，故审查质量往往难以保障。北欧各国在集中审查和分散审查之间是如何选择的？对此，五国表现得略微复杂。

首先，集中审查往往意味着建立宪法法院。宪法法院一般被视为最为有效的宪法监护者。① 但历史上北欧五国均未采取这一模式。对此，一个最为有力的解释是，这与北欧五国历史上的长期和平发展、国家治理和福利建设卓越有着莫大关联。② 此外，宪法法院代表了一种强审查模式。但北欧国家的宪法发展历史普遍反映了对法院进行宪法审查的怀疑，即便是挪威法院也要最大限度尊重议会立法，不可随意否定。③

其次，五国的司法审查都掌握在最高法院手里。虽然从理论上讲下级法院亦有审查权，如：挪威对立法的司法审查主要控制在最高法院手里，但是其他下级法院也拥有审查权；在丹麦和冰岛，最高法院被认为是宪法审查的主体；在瑞典和芬兰，虽然宪法条文规定各级法院都有司法审查的权力，不过司法审查的实践主体一般是最高法院。值得注意的是，《瑞典政府组织法》第 11 章第 14 款规定，除法院拥有司法审查权外，其他国家机关譬如行政机关也同样拥有这方面的权限。

综上，历史上北欧五国的司法审查理论上属分散审查，实际上是集中审查，且司法审查权主要集中在最高法院手中。不过下述事实对北欧的司法审查产生了巨大的影响，即从 20 世纪 80 年代后，北欧各国陆续签署《欧洲人权公约》并相继加入欧洲联盟。随着欧洲各国在司法系统中越来越重视以《欧洲人权公约》和欧盟法来审查国内法，北欧各国的下

---

① See Martin Shapiro, *Courts-A Comparative and Political Analysis*, Chicago：The University of Chicago Press, 1981, p. 55.

② See Jaakko Husa, Heikki Pihlajamaki, eds., *Nordic Law-Between Tradition and Dynamism*, Oxford：Intersentia Antwerp, 2007, pp. 153-154.

③ See Helle Krunke, Bjorg Thorarensen, eds., *The Nordic Constitutions-A Comparative and Contextual Study*, Oxford：Hart Publishing, 2018, p. 120.

级法院也越来越多地以更广泛的国际法视角取代纯粹的国内法视角,而国际法也成为北欧国内法院进行司法裁判的重要法律渊源。① 在此背景下,北欧五国的司法审查由最高法院的集中审查模式不断趋向各级法院的分散审查模式。

(三)事前或事后

事前审查的目的在于将违宪情形消除在立法正式实施前,事先最大限度地促进立法与宪法的一致性。事后审查的必要性在于,即便是事前的立法工作已经做到尽善尽美——包括严格的合宪性控制,也无法消除立法的违宪可能。同时,许多立法的违宪情形也只有在具体个案中才能被发现。

北欧五国在这方面情形如何呢? 挪威、丹麦和冰岛的司法审查主体是法院,而非立法机关。由于法院遵循不告不理和具体个案审理原则,因此这三国的司法审查均属事后审查模式。瑞典和芬兰两国的情况则不同,两国分别有法律委员会和宪法委员会,同时又有法院的司法审查作为补充。由于事前审查是立法审查的自然选择,而司法审查的属性又决定了事后审查,因此,瑞典、芬兰两国的司法审查是事前审查和事后审查相结合的模式。

(四)抽象或具体

抽象审查为不同政党和国家机关之间,以及人民对政府的监督提供了保障,从某种程度上让审查者充当了"消极立法者"的角色;具体审查让人民实际参与到立宪主义实践中,使得宪法更能变成一部"活宪法",体现了宪法的人权保障功能。

因为挪威、丹麦和冰岛的司法审查主体都是法院,而不是立法机关,同时三国的司法审查又都是事后审查,因此,这三国并没有抽象审查这一

---

① See Jaakko Husa, "Nordic Constitutionalism and European Human Rights-Mixing Oil and Water," *Scandinavian Studies in Law*, vol. 55, no. 101(2010).

选项。瑞典和芬兰采取的是立法审查与司法审查并举、事前审查和事后审查相结合的原则。由此，它们的司法审查也是抽象审查与具体审查相结合的模式。不过必须指出，北欧五国采取的具体审查，是在议会主权体制下的具体审查，这与美国、德国和英国的司法审查模式有着很大差异（下文详解）。

三、小结：北欧五国都不同程度地选择了司法审查

由上述分析可知，北欧五国的司法审查模式呈现出多元化的形态，参见表2-3。第一，从审查主体来看，五国虽都为议会主权体制，但采取了立法审查与司法审查并举模式或只采取司法审查模式。可见立法审查并不是议会主权体制国家的唯一选项。第二，从审查方式来看，由原先集中审查不断趋向分散审查。第三，从审查时间来看，采取的是事前审查与事后审查相结合的模式或只有事后审查。第四，从审查性质来看，结合抽象审查和具体审查或只有具体审查。第五，从法理依据来看，包括了立法机关或法院实践、宪法规范授权以及宪法学说三种不同的类型。总体而言，由北欧司法审查模式和经验可知，议会主权体制与司法审查模式并无必然关联。在议会主权体制下，立法审查或司法审查、集中审查或分散审查、事前审查或事后审查、抽象审查或具体审查，以及审查的法理依据均可根据自身国情自由做出不同组合的选择，而无须固守某一特定模式。

表 2-3　北欧五国司法审查模式的多元化形态

分类依据	芬兰	瑞典	挪威	丹麦	冰岛
审查主体	立法＋司法	立法＋司法＋其他	司法	司法	司法
审查方式	集中＋分散	集中＋分散	集中到分散	集中到分散	集中到分散
审查时间	事前＋事后	事前＋事后	事后	事后	事后
审查性质	抽象＋具体	抽象＋具体	具体	具体	具体

事实上，通过对北欧五国司法审查模式的比较分析，可以总结出一个非常重要的共同点，即北欧五国司法审查模式中都存在着不同程度的司

法审查、分散审查、事后审查和具体审查,归结起来便是法院作为审查主体在司法审查工作中发挥了积极的作用。由此,也就产生了一些核心问题:议会主权体制下司法审查中议会与法院的关系是什么? 在议会主权体制下法院何以能进行司法审查以及如何审查?

第三节　议会体制下司法审查的法理依据

一、理论分析框架

上文已提到,在比较宪法学领域,根据审查主体、方式、时间、性质的不同,合宪性审查可分别分为立法审查与司法审查、集中审查与分散审查、事前审查与事后审查、抽象审查与具体审查等不同的类型。① 不过,这四种分类法忽视了另一个显而易见且极为重要的分类依据。笔者认为,根据法理依据的不同,司法审查还可以分为法院实践、宪法规范授权、宪法学说这三种不同情况。

法院实践是指一国宪法条文中并没有事先设置司法审查制度,但法院通过司法实践将其发展出来,典型的如美国。美国宪法中并没有明文指出法院具有司法审查权,美国的司法审查始于马歇尔大法官在马伯里诉麦迪逊案中的司法实践。在该案中,马歇尔大法官详细论证了宪法是法律,而且是更高的法,所以违反宪法的法律无效;同时他指出,法院对此具有判断权,因为法官必须解释宪法,这是法官的天然职责。②

宪法规范授权是指一国宪法规范中明文规定了司法审查制度,因此法院或其他国家机关可以据此开展司法审查工作,典型的如奥地利和德国。针对美国的普通法院模式,"宪法法院之父"奥地利法学家凯尔森提

---

① See Allan R. Brewer-Carías, "Judicial Review in Comparative Law," *Columbia Law Review*, vol. 90, no. 5(1990).

② 参见张千帆:《美国联邦宪法》,法律出版社 2011 年版,第 31 页。

出要设立专门的、中立的宪法法院负责司法审查。与美国不同的是,奥地利和德国宪法法院的司法审查权有明确的宪法规范依据。①

宪法学说是指宪法学说理论在一国的司法审查制度构建和发展中发挥着关键作用,公认和强有力的宪法学说理论可以构成一国司法审查的正当性依据和合法性依据。宪法学说可以单独构成一国司法审查的依据,也可以与法院实践或宪法规范授权一道构成司法审查的依据,参见图2-2。下文将说明这三个法理依据在北欧司法审查制度的构建和发展过程中发挥着的关键作用。

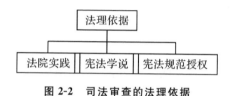

图 2-2　司法审查的法理依据

二、法院实践与宪法学说

北欧五国中,以法院实践和宪法学说作为法院司法审查法理依据的是北欧西部三国。查阅挪威 1841 年宪法及之后的宪法修正案可以发现,近两百年来,挪威宪法在法院能否对议会立法进行司法审查方面一直保持着沉默。不过,这并不代表挪威法院不可以"单方面"采取行动。在宪法颁布的第二年即 1842 年,挪威最高法院就已有相关案例出现。② 更为重要的是,在 1866 年的案例里挪威最高法院就已明确指出,虽然宪法没有明文规定,但是根据理论推导,当一般立法与宪法相冲突而不能同时适用时,法官有义务优先适用宪法条款。③此后数十年间,挪威最高法院频

---

① 参见[奥]凯尔森:《立法的司法审查——奥地利和美国宪法的比较研究》,张千帆译,《南京大学法律评论》2001 年第 1 期。

② See Helle Krunke, Bjorg Thorarensen, eds., *The Nordic Constitutions-A Comparative and Contextual Study*, London:Hart Publishing,2018,p. 110.

③ See Helle Krunke, Bjorg Thorarensen, eds., *The Nordic Constitutions-A Comparative and Contextual Study*, London:Hart Publishing,2018,p. 110.

繁动用自己的司法审查权,不断推进挪威宪法的发展。挪威创造了一个在议会主权体制下法院积极审查议会立法的经典案例。挪威法院司法审查随着时间流逝而日趋完善,长期以来一直被理论家和实践者视为挪威法治的重要组成部分。

除法院实践外,宪法学说在挪威法院司法审查发展过程中也扮演了关键角色。一般认为,理论学说在 19 世纪末期的西方法律发展中发挥了极为重要的作用。[①] 在那个时期,挪威宪法学者通过对美国宪法及其理论学说的介绍与著述,深刻影响着挪威法院司法审查的发展。[②] 其中最为重要的一部著作就是阿什豪格教授的《挪威现行宪法》。[③] 此外,还有阿什豪格教授的继承者、奥斯陆大学宪法学教授摩根斯特尔娜在《挪威现行宪法》的基础上对《挪威宪法》的阐述。[④] 这些著作论证了法院司法审查的正当性,被挪威最高法院频繁引用,极大影响了挪威法院的司法审查实践。譬如,在 1918 年挪威最高法院发表的关于自身司法审查权的具有里程碑意义的意见中,上述著作中的六种相关观点有四种被挪威最高法院引用。撰写多数意见的贝克大法官讲道:

> 宪法对立法机关的决定权施加了法律上的限制,法院有权利和义务审查这些限制是否得到尊重或被突破。在这种情况下,我认为引用阿什豪格在《挪威现行宪法》中所阐述的观点、摩根斯特尔娜关于 Rt. 1913. 449 的论文,以及他们的其他相关论文是有必要的……我只想指出,我完全同意阿什豪格在第 63 章第 20 条中的评论,即当立法机关颁布法律时就法律的合宪性进

① See Ragnhildur Helgadottir, *The Influence of American Theories on Judicial Review in Nordic Constitutional Law*, Leiden:Martinus Nijhoff Publishers,2006,p. 25.

② See Ragnhildur Helgadottir, *The Influence of American Theories on Judicial Review in Nordic Constitutional Law*, Leiden:Martinus Nijhoff Publishers,2006,p. 25.

③ See Ragnhildur Helgadottir, *The Influence of American Theories on Judicial Review in Nordic Constitutional Law*, Leiden:Martinus Nijhoff Publishers,2006,p. 27.

④ See Ragnhildur Helgadottir, *The Influence of American Theories on Judicial Review in Nordic Constitutional Law*, Leiden:Martinus Nijhoff Publishers,2006,p. 27.

行了专门辩论并得出合宪结论时，法院若将该法搁置一旁，就应当特别谨慎小心。①

除此之外，挪威律师在辩护词中也频繁引用美国宪法学说理论和挪威宪法学者的观点来支持法院的司法审查权。②

丹麦 1849 年、1866 年、1915 年、1953 年宪法都没有规定法院合宪性审查的条款，但在 1920 年到 1921 年间的系列案例中，丹麦法院虽然没有得出议会立法与宪法冲突的结论，但都认为自身有权根据宪法把立法搁置一边。③ 冰岛宪法同样也没有提及法院的司法审查权，但是冰岛法院也发展出了这项权力。

那么，宪法学说在丹麦和冰岛的法院司法审查发展中的作用如何？可以说，丹麦和冰岛的法院司法审查制度之所以得以建立，挪威宪法学说理论发挥了关键作用。挪威学者的著作，特别是上述《挪威现行宪法》对两国产生了重大影响。之后在丹麦，宪法学者马岑教授和库德柏林教授也发表了通过宪法限制国家权力及关于个人基本权利保障的论述，不断发展丹麦司法审查。④ 而冰岛人的法律教育都在丹麦完成，所以上述宪法学说也直接影响着他们。

那么，上述北欧三国何以能在缺乏宪法规范授权的情况下进行法院实践和宪法学说的发展呢？根据北欧学者的观点，其中最为重要的一点是成文宪法及其逐步适用对于三国法院司法审查至关重要。挪威、丹麦和冰岛虽然都是议会制的国家，议会主权和议会立法在国家中有着非常

---

① See Ragnhildur Helgadottir, *The Influence of American Theories on Judicial Review in Nordic Constitutional Law*, Leiden: Martinus Nijhoff Publishers, 2006, p. 28.

② See Ragnhildur Helgadottir, *The Influence of American Theories on Judicial Review in Nordic Constitutional Law*, Leiden: Martinus Nijhoff Publishers, 2006, p. 41.

③ See Helle Krunke, Bjorg Thorarensen, eds., *The Nordic Constitutions-A Comparative and Contextual Study*, London: Hart Publishing, 2018, p. 112.

④ See Ragnhildur Helgadottir, *The Influence of American Theories on Judicial Review in Nordic Constitutional Law*, Leiden: Martinus Nijhoff Publishers, 2006, pp. 51-55.

重要的地位,但三国也都承认宪法是高级法,在整个法律体系中处于最高的地位,宪法对国家权力特别是议会立法权的限制是应有之义。还有一个更为简单而有力的动机,即北欧社会各界有一个共识,不管何种体制下,都必须有一个地方让公民可以求助于当局以纠正错误。①

三、宪法规范授权

以宪法规范授权为法理依据的是北欧东部两国。北欧东部与北欧西部在司法审查方面有一个重大的区别,就是东部两个国家瑞典和芬兰很早就分别建立了法律委员会和宪法委员会来审查议会立法。这两个议会专门委员会的设立体现了两国立法机关的一种自我审查。毋庸置疑,这一制度的存在必然会在一定程度上阻碍法院司法审查的发展。从性质上讲,议会专门委员会的审查是一种立法审查。立法审查的优势在于其拥有无可辩驳的民主正当性,特别是在议会制的国家里。而法院的司法审查又存在反多数主义难题。因此,在议会制国家里,如果已经存在发展完善和具有较高认可度的立法审查,法院司法审查往往就难以推进。换言之,在议会主权原则和议会内部司法审查已经具备的条件下,法院想通过司法实践和宪法学说来推进合宪性审查就会遇到更大的困难。

那么从学术视角看,瑞芬两国法院能否进行司法审查呢? 对此,两国表现出不同的态度。在瑞典,关于法院能否进行合宪性审查的讨论在 19 世纪 80 年代就已经开始。到 20 世纪 30 年代,瑞典学术界关于法院有权审查议会立法的观点已经得到各界的普遍承认,并在 1964 年瑞典最高法院审查"商店营业时间"案时得到司法实践。② 在芬兰,由于宪法委员会在司法审查中发挥着非常好的功能,所以长期以来,关于法院能否审查议

---

① See Jaakko Husa, "Nordic Constitutionalism and European Human Rights-Mixing Oil and Water," *Scandinavian Studies in Law*, vol. 55, no. 101(2010).

② See Joalim Nergelius, "Judicial review in Sweden Law-A Critical Analysis," *Nordic Journal of Human Rights*, vol. 27, no. 2(2009).

会立法是一个并不占主流的问题。^① 不过，到了 20 世纪 90 年代后，随着欧洲人权保障的不断深入以及加入欧盟，芬兰也开始积极提升法院司法审查的功能。

由此，为了让法院的司法审查能够获得更多的正当性，瑞典和芬兰采取的是宪法规范授权的方式。《瑞典政府组织法》第 11 章第 14 款做了如下规定：

> 如果法院发现某项法律与基本法或其他上位法相抵触，则该法不应被适用。此规则同样适用于制定法律时在任何重要方面无视法定程序的行为。
>
> 根据第 1 款审查法律的情况，应特别注意以下事实，即议会是人民的最主要的代表机关，同时基本法优先于其他法律。^②

《芬兰宪法》第 106 条规定如下：

> 如在法院审理的案件中，适用某一法律明显与宪法冲突，法院应优先适用宪法规定。

对这两个条款的理解，这里有必要补充说明，理论上这两个条款与第三人效力有着本质的区别，并不是让私人主体承担宪法义务。第三人效力又分为直接第三人效力和间接第三人效力。为了更好和直观地理解这一概念，这里先举一个例子。譬如甲饭店规定公务员在甲饭店就餐享受优惠打折，非公务员乙以甲店违反宪法上的平等条款而起诉甲店。这时，法院有三种选择：一是直接拿宪法上的平等条款判乙胜诉；二是拿宪法上

---

① See Jaakko Husa, Kimmo Nuotio, Heikki Pihlajamaki, eds., *Nordic Law- Between Tradition and Dynamism*, Oxford: Intersentia Antwerp, 2007, p. 158.

② See *The Instrument of Government*, Art 14, Chapter 11, https://www. riksdagen. se/globalassets/07. -dokument—lagar/the-instrument-of-government-2015. pdf, accessed July 31, 2024.

的平等价值填充民法解释判乙胜诉;三是根据民法某一条文(该条文并不违宪)判案。这里,第一种就是直接第三人效力,第二种就是间接第三人效力。两者的共同点是,都并不以存在相关法律条文违宪为前提,而直接拿宪法权利或价值作为私人间诉讼的裁判依据或说理依据,是一种让私人主体承担宪法义务的情形,即是一种横向关系(私人之间)上的违宪问题。

《瑞典政府组织法》第11章第14款和《芬兰宪法》第106条从表面上看也是让私人主体承担宪法义务,但实质上与第三人效力有着本质区别。为了更好地理解这一点,这里也举一个例子来说明。譬如民法某一条文规定非婚生子女所能继承的财产是婚生子女的一半,而宪法规定法律面前人人平等。在一起民事诉讼案件中,非婚生子甲诉婚生子乙,请求法院平分财产。乙主张适用民法规定,请求法院驳回甲的诉求,而甲又主张民法这一条款违宪,主张优先适用宪法平等条款。这时,如果法院判决乙胜诉,那么作为公权力主体的法院就有可能侵害了公民甲的宪法基本权利,构成司法权的违宪(司法判决违反宪法平等条款)。① 如果法院认为民法这一条文违宪,优先适用宪法平等条款,判决甲胜诉,那么法院就解决了私人间的纠纷,也规避了自身判决违宪的风险。在本案中,并不存在乙违宪和要求乙承担宪法义务的问题,全程都是纵向关系(个人与国家)上的违宪问题。法院如果不适用宪法,就是构成司法权的违宪。因此,不存在将私人主体作为宪法基本权利的义务主体的情形。

由以上分析可知,北欧五国司法审查制度的法理依据主要包括四种模式,参见表2-4。显然,由北欧经验可知,宪法规范授权并不是法院司法审查的必要条件,法院实践和宪法学说亦能提供充分法理依据。那么,北欧五国选择司法审查的深层逻辑是什么呢? 这便是下一部分所要探讨的内容。

---

① 参见黄宇骁:《论宪法基本权利对第三人无效力》,《清华法学》2018年第3期。

表 2-4 北欧五国司法审查制度的法理依据

分类依据	芬兰	瑞典	挪威	丹麦	冰岛
法理依据	立法机关实践＋宪法规范授权	宪法规范授权	法院实践＋宪法学说	宪法学说	宪法学说

第四节　北欧五国选择司法审查的深层逻辑

对于第二节中所提出的核心问题,即议会主权体制下司法审查中议会与法院的关系是什么,以及在议会主权体制下法院何以能进行司法审查及如何审查,本节将从北欧法院司法审查的制度背景、客观现实两个方面加以解答,并通过与美国、德国和英联邦司法审查模式的比较加以阐述和分析。

一、制度背景

世界范围内宪法审查模式主要有两种:一是以美国为代表的普通法院模式,二是以德国和法国为代表的宪法法院(宪法委员会)模式。两种模式的制度背景都是权力分立体制。除此之外,还有一种以英联邦国家为代表的法院议会互动模式,又称为弱司法审查模式。① 该模式的制度背景为议会主权体制。显然,在制度背景方面,美国和德法模式中,法院可以进行司法审查的原理基础是分权原则。权力分立与监督原则是法官获得审查立法是否合宪的权力的基础性制度依据。因此,美国和德法模式跟北欧模式并没有可比性,与北欧模式可比较的应是英联邦模式。那么,英联邦模式与北欧模式的区别在哪里?

实际上,英联邦模式与北欧模式的关键变量在于有无成文宪法的存

---

①　关于弱司法审查的具体介绍,参见朱学磊:《弱司法审查体制必要性之证成》,《环球法律评论》2020 年第 1 期。

在。众所周知,英联邦国家特别是英国是没有成文宪法的议会主权体制国家。北欧五国虽也都是议会主权体制的国家,但都有成文宪法。这与没有成文宪法的英联邦国家有何区别呢? 在采取法院议会互动模式的英联邦国家,由于不存在成文宪法,法院审查的上位法依据从法律位阶上看,只有属于普通议会立法的《权利法案》,因此,法院司法审查的正当性只能通过与议会的合作才能获得。

在北欧五国,议会虽然在国家权力结构中处于最高地位,但仍然受到宪法的约束。关于宪法与议会主权的关系,北欧各国的宪法学术著作和法院司法实践都一致表明,既然人民制定了一部具有最高效力的宪法,那么宪法限制和约束国家权力特别是立法权自然是应有之义。这种看法不管是在率先发展出法院司法审查的北欧西部三国,还是在后来较迟发展出这一制度的北欧东部两国,都是共识,几乎无异议存在。①

二、客观现实

上文已提到,瑞典和芬兰在推进法院司法审查之前,已经存在着立法委员会和宪法委员会对立法的事前合宪性抽象审查。那么,瑞芬两国在已有事前审查的情形下为何仍要引入法院的事后具体审查呢? 对此,理论上可以从以下三点加以推论。

第一,由法条抽象性和社会复杂性的矛盾所决定。具体而言,法条具有一定的抽象性,而社会又是纷繁复杂和不断变化的。法条的字面含义会在社会发展过程中不断地发生变化。因此,某一立法或具体条款在制定的初期阶段可能合宪,但随着社会形势的变化可能出现违宪情况。

第二,由不同群体对法条理解偏差的矛盾所决定。具体而言,人们基于立场、知识结构、社会经验的不同,对法条的理解也会迥异。譬如立法

---

① See Ragnhildur Helgadottir, *The Influence of American Theories on Judicial Review in Nordic Constitutional Law*, Leiden:Martinus Nijhoff Publishers, 2006, pp. 25-99.

者、执法者和司法人员对立法含义的理解就不尽相同。由此,对立法的合宪性在认知和理解上也会产生更大的误差和歧义。

第三,由法条文本与个案适用的矛盾所决定。具体而言,立法是否违宪仅仅从文本上是无法断定的,譬如很多法条从字面理解并不存在违宪的可能,但在具体个案适用中就会出现违宪情形。因此,立法也只有在个案适用中才能发现违宪情形。

由此可见,事前审查并没有像其所宣称的那样可以做到将所有的违宪可能"扼杀"在立法正式实施前,而立法要想不断保持合宪性,则只有通过司法领域的事后审查来寻求依据和正当性。

第五节　议会主权体制与司法审查的关系

本章前四节对北欧五国司法审查的生成原因、模式、法理依据及其深层逻辑进行了全面的梳理和分析。我们可以得出这样一个结论,在议会主权体制下,法院司法审查只是"多或少"的问题,并不是"有或无"的问题,即一个国家是否是议会主权体制并不是司法审查有无的关键原因。

从理论上讲,宪法从制定起始就被认为是一个国家最基本的制度和规范,也被认为是直接来源于主权者本身,由人民亲自制定的。而议会仅仅是由人民代表组成的机构,议会所通过的法律也仅仅是由人民代表制定的。[①] 因此,可以得出结论,即便是在一个强调议会主权的国家,只要成文宪法存在,那么宪法对议会立法权的限制就是理所当然的。宪法对议会立法权的限制在实践操作中也就证明了司法审查的正当性和必要性。北欧经验正好说明了这一点。

北欧各国议会作为最高民主正当性的代表,在表达人民意志方面自然有优先性和最高的权威,但这并不表示宪法允许议会拥有无上的立法

---

① 参见[美]爱德华·S.考文:《司法审查的起源》,徐爽编,北京大学出版社2015年版,第16—17页。

权,至少在议会体制内或在不与议会主权相冲突的前提下,允许一定程度的法院司法审查存在(关于北欧五国司法审查制度的生成时间,参见表2-5)。

表2-5　北欧五国司法审查制度的生成时间

国家	挪威	丹麦	冰岛	瑞典	芬兰
年份	1822	1874	1877	1974	2000

注:挪威、丹麦和冰岛以第一个司法审查案例为准,关于三国的司法审查实践将在第三章中详细描述;瑞典和芬兰以宪法条文的增设为准。

第六节　瑞典议会选举与议事规则透视

一、选举委员会职责概述

在瑞典,不管是《瑞典政府组织法》还是《议会法》,都没有对选举的组织机构做出规定,不过《选举法》对选举的组织机构做了详细的规定。《选举法》第3章第1、2、3节规定,应当有一个中央选举机构,全面负责与选举有关的事务。县行政委员会是地区选举主管部门,负责该地区的选举事项以及选举委员会的培训。每个城市要有一个选举委员会,该委员会是该城市负责选举事务的地方选举当局。[①]　其中,瑞典中央选举委员会是中央政府机构,负责计划和协调大选与全国公投。中央选举委员会的目标是以最大的可靠性和效率进行选举。该机构于2001年7月1日从瑞典国家税务局手中接管工作后开始运作。作为选举的中央行政管理机构,中央选举委员会在瑞典的所有公开选举中均发挥着重要作用。下文将按时间顺序,从选举的准备阶段、投票过程、确定结果、解决争议四个方面来揭示瑞典中央选举委员会在瑞典议会选举中所发挥的作用。

[①]　See *The Elections Act*, Chapter 3, Section 1-3, https://www.government.se/49150c/contentassets/4e2fdee5a8e342e88289496d34701aec/the-elections-act-2005-837, accessed October 28, 2020.

（一）做好选举准备

在选举的准备阶段,中央选举委员会的主要任务是制作选举材料,其中最为主要的是选举名册和选民证的制作。首先,关于选举名册的制作,《选举法》规定,中央选举委员会应为每个选区准备一份选民清单。① 其次,关于选民证的制作,所有用于选举的选票和信封均应由中央选举委员会提供。② 中央选举委员会应为每个选民准备一张投票卡。投票卡应提前足够长的时间寄出,以使选民在选举日之前的 18 天之内收到。对于没有已知地址或未在瑞典登记为居民的选民,只有在他们要求参与投票时,中央选举委员会才可以向其发放投票卡。对于每个未在瑞典登记为居民的选民,中央选举委员会将签发外籍投票卡。这些证件不得迟于选举日前 50 天发送给选民。③

除了制作选民证、选票、信封和选举名册,告知选民何时何地及如何进行选举,接收选举的政党登记以及登记政党的指定这些一般内容外,《选举法》还做了其他事项的具体规定,譬如中央选举委员会应在举行大选之年的 4 月 30 日之前决定每个选区应拥有多少个议席。④ 任何政党公布参加选举的通知后,中央选举委员会应当立即在瑞典官方公报上宣布这一消息。⑤

---

① See *The Elections Act*, Chapter 6, Section 6, https://www. government. se/49150c/contentassets/4e2fdee5a8e342e88289496d34701aec/the-elections-act-20058-37, accessed October 28, 2020.

② See *The Elections Act*, Chapter 2, Section 3, https://www. government. se/49150c/contentassets/4e2fdee5a8e342e88289496d34701aec/the-elections-act-20058-37, accessed October 28, 2020.

③ See *The Elections Act*, Chapter 6, Section 9, https://www. government. se/49150c/contentassets/4e2fdee5a8e342e88289496d34701aec/the-elections-act-2005837, accessed October 28, 2020.

④ See *The Elections Act*, Chapter 2, Section 13, https://www. government. se/49150c/contentassets/4e2fdee5a8e342e88289496d34701aec/the-elections-act-20058-37, accessed October 28, 2020.

⑤ See *The Elections Act*, Chapter 2, Section 19, https://www. government. se/49150c/contentassets/4e2fdee5a8e342e88289496d34701aec/the-elections-act-20058-37, accessed October 28, 2020.

（二）组织选举过程

在组织选举过程中,中央选举委员会的主要任务是在投票点安排投票书记员进行一般性事务管理。对此,《选举法》第3章做了详细的规定。首先,每个投票站都会安排书记员。① 每个选举区至少任命四名书记员,其中一名担任主席,另外有一名是替补主席。② 不过,一般情况下,每个投票接收点应有尽可能多的书记员,以实现投票接收。其次,关于书记员的任命。书记员一般由选举当局任命,但是外国代表团的书记员应由其主管机关的首长任命。如果选举委员会决定在医院、刑罚机构、还押中心等类似机构内举行投票表决,则选举委员会可允许机构负责人在那里任命书记员。只有接受过任务所需培训的人员才能被任命为书记员。③

（三）确定选举结果

根据《选举法》,瑞典议会选举的票数统计、结果确定、议会议员及替补议员任命这些工作都由中央选举委员会完成。其中关于议会议员的任命,中央选举委员会在票数最终计数结果的基础上,还要确定哪些候选人当选为正式议员,哪些当选为替补议员,这里的替补议员有两名。④ 选举结果还应当在瑞典官方公报上公告。此外,对于已获得任命的议员,选举管理局应立即颁发相应的证明,证书上应当包括被任命人的名字、任命时

---

① See *The Elections Act*, Chapter 3, Section 4, https://www. government. se/49150c/contentassets/4e2fdee5a8e342e88289496d34701aec/the-elections-act-20058-37, accessed October 28, 2020.

② See *The Elections Act*, Chapter 3, Section 5, https://www. government. se/49150c/contentassets/4e2fdee5a8e342e88289496d34701aec/the-elections-act-20058-37, accessed October 28, 2020.

③ See *The Elections Act*, Chapter 3, Section 6, https://www. government. se/49150c/contentassets/4e2fdee5a8e342e88289496d34701aec/the-elections-act-20058-37, accessed October 28, 2020.

④ See *The Elections Act*, Chapter 14, Section 1, https://www. government. se/49150c/contentassets/4e2fdee5a8e342e88289496d34701aec/the-elections-act-20058-37, accessed October 28, 2020.

间、所属政党和选区等。替补议员的证书上还应当载明替补序位。[①] 如果已当选的议会议员在选举后辞职,中央选举当局应按照议会议员议长的要求,按照替补议员之间的优先顺序,任命新的议员。

(四)解决选举争议

中央选举委员会设置了选举审查委员会以解决选举争议问题。这里的争议包括县行政委员会和市选举委员会的决定,以及中央选举管理局关于选举名册、政党登记、候选人、议员任命等有关选举事项的争议。选举审查委员会是中央选举委员会的一个内部独立机关。在审查申诉时,所有委员会成员都应当出席。委员会有权要求相关证人出席,并在必要时举行听证会。[②]

二、议员选举规则与流程

(一)议会选举的分析框架

关于议会选举,按照选举流程可将其划分为以下六个步骤:第一,全国选区划分。选区是以一定数量人口为基础划分的,产生议会议员的选举区域,也是议员与自己选民互动的基本单位。选区划分是选举地理学的重要研究内容,选区划分是否科学合理,直接影响选举结果。[③] 议会制国家在选举开始以前,都要按一定的原则首先划分选区。选区划分的关键就在于如何通过合理划分选区而使选举产生的代表更具广泛的代表

---

① See *The Elections Act*, Chapter 14, Section 28, https://www.government. se/49150c/contentassets/4e2fdee5a8e342e88289496d34701aec/the-elections-act-20058-37, accessed October 28, 2020.

② See *The Elections Act*, Chapter 14, Section 15, https://www.government. se/49150c/contentassets/4e2fdee5a8e342e88289496d34701aec/the-elections-act-20058-37, accessed October 28, 2020.

③ See Taylor P J, Johnston R J, *Geography of Elections*, New York: Holmes & Meier, 1979, pp. 1-528.

性。第二,选民资格登记。选民资格是指公民取得选举权和被选举权所应具备的条件。选民资格登记有两个意义:一是确定选民与非选民,从而排除一些在宪法和法律上不具备选民资格的人进行非法投票。二是确保每个公民只能在一个地方登记为选民,而不能同时在两地投票。第三,政党竞选活动。在现代社会,政党是组织选举的"机器"。[①] 这通常表现在,政党及其候选人筹集竞选费用,拟定竞选纲领,利用各种渠道发表演说,向选民讲解政治主张,许下诺言以取得选民的信任,从而争取选票。第四,选民投票与票数统计。这里主要涉及有哪些法定的选民投票方式,譬如现场投票、邮寄投票的规定等,还有票数统计的法定程序是什么等事项。第五,议会席次分配。议会席次分配主要涉及席次分配的计算方法。在比例代表制模式下,主要涉及政党进入议会的最低得票率的规定,议会议席在不同政党间分配的原则和计算方式等,第六,争议上诉。参见图 2-3。

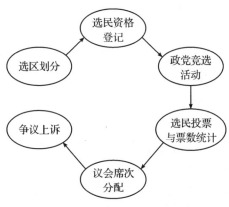

图 2-3 瑞典议会选举流程

(二)瑞典议会选举的一般流程

瑞典议会选举制度主要在《瑞典政府组织法》《选举法》《选举条例》《全民投票法》等相关法律中有规定。如上述所言,瑞典虽为君主立宪制国家,但 1974 年修订的《瑞典政府组织法》第 1 条明确规定,瑞典所有的

① 参见张千帆:《宪法学导论——原理与应用》(第三版),法律出版社 2014 年版,第 394 页。

公权力来源于人民。人民通过自由、普遍、平等和秘密的选举产生议会和组成政府。①《瑞典政府组织法》第 3 章规定,议会选举是比例代表制。②因此,任何政党在瑞典议会中获得的席位份额通常反映的是该党获得的所有选票份额。关于瑞典议会选举的具体规定和流程如下:

第一,全国选区划分。就欧洲国家而言,瑞典是一个国土面积大但人口稀少的国家,面积为 450295 平方千米,为北欧第一大国家,人口约 1000 万。③《选举法》第 4 章第 2 部分对整个瑞典的选区划分做了明确的规定,一共分为 29 个选区。④ 由于瑞典 90% 的人口集中在南部和中部地区,斯德哥尔摩、哥德堡和马尔默是瑞典人口最密集的三大城市。因此,选区的大小各不相同,但通常每个选区有一二千人有权投票。没有选区大小的绝对上限或下限。最小的选区只有几百名选民,最大的超过 2000 人,每个选区都有一个投票站。关于选举边界的划定,由郡县行政委员会根据市政府的建议决定。选区边界确定不迟于选举年前一年的 12 月 1 日。⑤

第二,选民资格登记。在瑞典,年龄、国籍和居住权构成选民资格的唯一标准。不过值得指出的是,虽然在瑞典居住三年以上的人可以在地方议会中进行投票,但是全国议会的投票权只赋予已满 18 周岁的瑞典公民。⑥

---

① See *The Instrument of Government*, Chapter 1, Art 1 and Chapter 3, Art 1, https://www. riksdagen. se/en/SysSiteAssets/07. -dokument--lagar/the-instrument-of-government-2015. pdf/, accessed October 28, 2020.

② See *The Instrument of Government*, Chapter 3, Art 1, https://www. riksdagen. se/en/SysSiteAssets/07. -dokument--lagar/the-instrument-of-government-2015. pdf/, accessed October 28, 2020.

③ See https://en. wikipedia. org/wiki/Sweden, accessed April 12, 2024.

④ See *The Elections Act*, Chapter 4, Section 2, https://www. government. se/contentassets/4e2fdee5a8e342e88289496d34701aec/the-elections-act-2005837. pdf, accessed April 12, 2024.

⑤ See *Elections in Sweden*, http://aceproject. org/ero-en/regions/europe/SE/sweden-elections-in-sweden-guide, accessed October 28, 2020.

⑥ See *Instrument of Government*, Chapter 3, Art 4, https://www. riksdagen. se/en/SysSiteAssets/07. -dokument--lagar/the-instrument-of-government-2015. pdf/, accessed October 28, 2020.

换言之,议会选举中选民资格的认定是年满 18 周岁的瑞典公民。在投票之前,选民必须在选举名册上进行登记,不然不能进行投票。选举名册信息应当在选举日前 30 天公布。如果有人认为自己在选举名册的登记信息有误,可以要求行政机关更正,不过必须在选举日的 12 天前。瑞典人在国外生活不超过 10 年或者虽已经超过 10 年但他们有在瑞典税务机关登记纳税的,也可以在选举名册里。①

第三,政党竞选活动。政党竞选活动是瑞典议会选举的核心环节。首先,关于政党的法律规定。根据《瑞典政府组织法》规定,政党是指以特定名称进行竞选的任何协会或选民团体。② 除《瑞典政府组织法》这一抽象规定外,瑞典并未如德国那样对政党活动进行具体立法。其次,关于政党成立和活动,完全是一个自由结社的问题,其成立完全可以通过成立非营利协会的方式来完成。再次,关于政党名称,在瑞典,政党的命名并不是强制的,政党名称可以在选举管理机构注册,但这不是必须的。人们可以在投票时在选票上写下政党名称来为政党投票。政党名称在不同层级的竞选中是通用的,即在全国议会中的政党名称,在地方选举和欧盟议会选举中同样有效。从次,与许多国家的选民从候选人或政党名单中进行选择不同,瑞典的每个政党都有单独的选票,这就是说选票由每个政党自己去印刷。最后,候选人资格与选民资格等同。由于瑞典选举采取比例代表制,候选人必须在政党候选人名单中。政党应该把自己的候选人名字放在选举单上,不过这并不是强制要求。选民在投票时可以直接把候选人名字写上去。

第四,选民投票与统计。瑞典议会选举每四年举行一次,具体时间在

---

① See *The Elections Act*, Chapter 5, Section 1-2, https://www. government. se/contentassets/4e2fdee5a8e342e88289496d34701aec/the-elections-act-2005837. pdf, accessed April 12, 2024.

② See *The Instrument of Government*, Chapter 2, Art 1, https://www. riksdagen. se/en/SysSiteAssets/07. -dokument--lagar/the-instrument-of-government-2015. pdf/, accessed October 28, 2020.

9月第二个周日。① 《选举法》规定，投票站的设计一定要便利残疾人士进行投票，如果残疾人士因身体原因不能到场进行投票，则工作人员就要去收集。此外，每个人在疾病、残疾、高龄的情况下，可由他人代为投票。投票站的开放时间一般从早上8点到晚上8点。每个投票站至少要有3到4名工作人员进行检查。计票工作会在投票日当天晚上进行。投票后的第一个周三，还会统计未收集到的选票，主要是海外票。最后，还要进行一次完整的重新统计。② 关于如何确定选票的有效性，这由行政当局决定，主要是要有政党名称。由于瑞典选举采取比例代表制，因此选民除了投票给政党外，还会勾选候选人，采取排名选择投票法（preference voting）。

第五，议会席次的分配。《议会组织法》规定，政党在大选中须获得全国选票的4%或一个选区的12%才能进入议会。③ 议席总数是349名④，这里包括310个固定选区议席（fixed constituency seats）和39个调整议席（adjustment seats）。每个选区的固定选区席位数目是根据有资格在该选区投票的人数确定的。这些席位的分配反映了每个选区的选举结果。设立39个调整席位的目的是确保当事方在全国范围内的席位分配应与票数尽可能成比例。因此，调整席位的分配方式对应该党在全国范围内获得的选票份额。它们首先根据政党分配，然后根据选区分

① See *The Instrument of Government*, Chapter 3, Art 3, https://www. riksdagen. se/en/SysSiteAssets/07. -dokument--lagar/the-instrument-of-government-2015. pdf/, accessed October 28, 2020; *The Elections Act*, Chapter 1, Section 2-3, https://www. government. se/contentassets/4e2fdee5a8e342e88289496d34701aec/the-elections-act-2005837. pdf, accessed April 12, 2024.

② See *The Elections Act*, Chapter 12, Section 1, https://www. government. se/contentassets/4e2fdee5a8e342e88289496d34701aec/the-elections-act-2005837. pdf, accessed April 12, 2024.

③ See *The Instrument of Government*, Chapter 3, Art 7, https://www. riksdagen. se/en/SysSiteAssets/07. -dokument--lagar/the-instrument-of-government-2015. pdf/, accessed October 28, 2020.

④ See *The Instrument of Government*, Chapter 3, Art 2, https://www. riksdagen. se/en/SysSiteAssets/07. -dokument--lagar/the-instrument-of-government-2015. pdf/, accessed October 28, 2020.

配。分配方法如下：

首先是 310 个固定选区议席的分配。这里根据每个政党在每个选区的票数决定。计算方法是调整奇数法（adjusted odd-number method）。具体而言，在一个政党尚未获得任何席位前，比较数字可以通过将该政党在选区的票数除以 1.2 来计算。比较数字最高的政党在选区获得第一席，其他各方保留并与原始竞争者竞争直到他们获得席位。政党获得席位后，将政党的票数除以 3，即可得出新的比较数字。之后以相同的方式继续该过程，方法是将分配给每个新席位的政党的票数除以下一个最高的奇数。① 其次，固定选区议席分配完后是调整议席的分配。调整议席的分配方法与固定选区议席的分配方法相同，不过它把全国作为一个整体选区进行分配计算。最后是将席位分配给相关候选人。这里主要是将政党的候选人名单与选民所标记的名字进行比较。名列前茅的候选人可以在议会中获得席位。

值要指出的是，瑞典的议会选举虽然是比例代表制，但是政党成员一旦成为议会议员，就具备了一定的独立性。具体而言，如果某一议员选择在任职期间离开政党，则他仍可继续在议会中任职。此外，未经议会同意，议员不得辞职。换言之，每个成员都有义务继续任职。即使成员离开了政党，在不隶属于政党的情况下，他们仍然应该能够执行任务。

第六，任命与争议上诉。根据《选举法》规定，任何人认为选举有错误或存在舞弊行为都可以提起上诉。如有关议会选举，上诉应提交给中央选举委员会。申诉必须经由选举委员会接收，并在公告发布后的 10 天内做出相关决定。②

---

① See *The Elections Act*, Chapter 14, Section 2-3, https://www. government. se/contentassets/4e2fdee5a8e342e88289496d34701aec/the-elections-act-2005837. pdf, accessed April 12, 2024.

② See *The Instrument of Government*, Chapter 3, Art 12, https://www. riksdagen. se/globalassets/05. -sa-fungerar-riksdagen/demokrati/the-instrument-of-government-2023-eng. pdf, accessed April 12, 2024；*The Elections Act*, Chapter 15, https://www. government. se/contentassets/4e2fdee5a8e342e88289496d34701aec/the-elections-act-2005837. pdf, accessed April 12, 2024.

三、议会议事规则与流程

（一）议事规则的分析框架

当人民将自己的代表选入议会后，国家政治就开始由"非常政治"转入"日常政治"，即国家政治进入了人民代表在议会里的"琐碎事务"。大多数国家为了保证议会的平稳运转和工作效率，都制定了议事规则，对议会会议召开，议案提出、审议和通过，议会表决，议会组织机构及其工作程序等议会议事规则做出了具体规定。所谓议会议事规则主要是指议会会议制度、议会议事程序以及应遵守规则的规定。一般而言，议会议事规则大致可分为以下几种：

第一，议会议事规则的一般规定。各国议会议事规则通常都对议会会议的会期、会议的召集、会议法定人数等做出规定。所谓议会会议的会期通常是指议会每年开会的时间，包括开始、持续和结束的时间。会议的召集涉及由谁来主持及议事日程的安排，后者是议会工作中的关键部分。在多数国家，议会的议事日程由议会指导机构排定。但有些国家的政府对议会有相当大的控制权，由政府决定议会时间表。此外，议会议事规则还包括了诸如开会的法定人数、会议的公开制度等。

第二，议会立法的议事规则和程序。众所周知，议会的核心任务是立法。法律的创制不仅是一个决策过程，更是程序的产物。如果想深入理解法律，就应当了解整个立法决策过程和相关程序，而其中议会议事规则就发挥了关键的作用。根据时间先后顺序，议会立法的议事规则和程序可以划分为五个阶段。具体如下：首先，立法动议。这里主要涉及谁有资格提出立法案以及立法内容。换言之，即立法决策过程如何开始以及由谁控制议程的起步。这里还涉及一个很重要的内容，即将哪些事项列入议程。其次，准备工作。这里主要是为最后的立法表决提供充分的信息支持。这一阶段在整个立法决策过程中至关重要，因为涉及政府和社会许多不同的利益团体。再次，立法表决。这一步是立法从草案到正式文本的关键阶段。在议事规则上,立法辩论是其核心部分。从次,实施执行。最后,评估反馈。这里可以用不同的方法从不同的角度对决策进行评估。参见表 2-6。

表 2-6　议会立法的议事规则和程序

阶段	主要内容
立法动议	主体资格和立法事项
准备工作	确定立法草案、寻找替代方案
立法表决	立法辩论、选择一种最优解决方案
实施执行	执行决定
评估反馈	评估决策的执行情况

第三,对政府的质询与监督。质询是指议会议员就政府的施政纲领、行政措施等向政府总理、各部部长等提问,要求其予以解释、说明、答复,并据此进一步采取措施。[1] 质询的意义在于传递民意,增强公共政策的理性化和科学化程度,促使政府管理的公开化,促进参政议政。此外,议会为了进行立法并对政府进行监督,有权组织专门机构对政府行为进行调查。这是议会为了行使其固有的立法权、预算权、人事权、审议权等而了解民意、查明事实的重要手段,也是议会了解政府的有关行为、对其实施有效监督不可或缺的方法。[2]

(二)议事规则的一般规定

有关瑞典议会议事规则的规定主要体现在《瑞典政府组织法》和《议会法》里。这两部宪法性法律文件对议会议事规则做了非常详细的规定。具体而言包含以下内容:

第一,议会会期方面。根据《瑞典政府组织法》和《议会法》相关规定,瑞

---

① 参见吕艳滨:《西方主要国家议会监督手段之比较》,《环球法律评论》2003 年夏季号。

② 参见吕艳滨:《西方主要国家议会监督手段之比较》,《环球法律评论》2003 年夏季号。

典议会每年都会举行会议,地点是首都斯德哥尔摩,除非发生例外情况,譬如基于自由或安全方面的考虑,改变地点的决定由议会或议长做出。① 瑞典议会上一个会期与下一个会期是连续的,中间没有暂停的规定。上述已经提到,议会大选是在9月份,因此新一次会期往往也是在9月份。在瑞典新一年议会会期的第一天,由国王宣布召开议会,同时首相也会发表施政报告。

第二,议会议事日程安排。在瑞典议会中,议长拥有非常多的权力。譬如,根据《议会法》规定,由议长领导议会工作、主持议会会议,并在与各政党党团领导人协商的前提下,负责和决定议会的议事日程安排。为了保证议员能够出席会议,瑞典议会实行请假制度,议员如不能出席会议,必须向议长请假并经批准。

第三,关于出席的法定人数。瑞典议会没有关于表决时出席人数的法定限制。通常,所有人都应出席,议员因病或公差无法出席时,瑞典议会则设置了替补议员制度以解决这一问题。

第四,会议形式。瑞典议会会议原则上对公众公开。只有基于国家安全的考虑,才能召开秘密会议。②

(三)议会立法的议事规则和程序

有关瑞典议会立法的议事规则和程序,同样主要体现在《瑞典政府组织法》和《议会法》里。这两部法律对议会立法过程中各个阶段的机制和程序都有不同程度的规范。总体而言,该过程的特点是公开透明,并鼓励各种形式的公众参与。具体而言,如下:

第一,立法动议。根据《瑞典政府组织法》第4章第4款的规定,政府

---

① See *The Instrument of Government*, Chapter 4, Art 1-2, https://www.riksdagen. se/en/SysSiteAssets/07. -dokument--lagar/the-instrument-of-government-2015. pdf/, accessed October 28, 2020.

② See *The Instrument of Government*, Chapter 4, Art 9, Art 2, https://www.riksdagen. se/en/SysSiteAssets/07. -dokument--lagar/the-instrument-of-government-2015. pdf/, accessed October 28, 2020.

和议会议员是提出立法动议的主体。① 从条文看,虽然动议主体并非仅限于政府,但几乎所有法律都由政府制定。瑞典议会本身可以提出法律,但这是很少使用的选择。还有,尽管向瑞典议会提出的大多数立法提案是由政府提出的,但有些法案的背后可能是私人公民或特殊利益集团提出的建议。此外,自瑞典加入欧盟后,欧盟颁布了越来越多的影响瑞典的法律。不过,这些法律中的一些直接适用,无须得到瑞典议会的事先批准。

第二,准备工作。瑞典议会立法的准备阶段是瑞典议会立法议事规则中最为突出和重要的环节。《瑞典政府组织法》第 7 章第 2 款规定,政府在准备业务时,应从有关公共当局获得必要信息和意见。组织和个人应有机会在必要时发表意见。② 此条款表达了两层含义:第一,政府立法必须从公共当局获得信息;第二,给予公民或组织发表意见的权利,但不能强迫他们发表意见。为彻底实施这一条款,瑞典政府的立法准备工作可以说是一个非常"烦琐"的过程。具体而言:首先,瑞典政府的立法案都会有一个调查阶段。在政府制定立法提案之前,必须任命调查委员会对有关问题进行分析和评估。其次,政府还会发布一个或多个政府职权范围和指令。这些指令规定了调查的目的及工作的时间(通常为两年)。再次,政府在对上述调查的建议表明立场之前,还会将报告转交有关机构审议。这些审议机构可以是中央政府机构、特殊利益团体、地方政府当局或其他公共组织。这一过程提供了宝贵的反馈意见,并使政府能够评估可能获得的支持程度。如果许多公共机构对这些建议不满意,政府可能会尝试寻找替代解决方案。最后,审议机构提交意见后,负责法律事务的部门将起草法案,并提交给瑞典议会。如果拟议的法律对私人公民或公众

---

① See *The Instrument of Government*, Chapter 4, Art 4, https://www. riksdagen. se/en/SysSiteAssets/07.-dokument--lagar/the-instrument-of-government-2015. pdf/, accessed October 28,2020.

② See *The Instrument of Government*, Chapter 7, Art 2, https://www. riksdagen. se/en/SysSiteAssets/07.-dokument--lagar/the-instrument-of-government-2015. pdf/, accessed October 28,2020.

福利有重要影响,则政府应首先将该提议提交立法委员会,以确保其不与现行立法相冲突。立法委员会工作的一个重要特点是审议法案草案是否符合宪法和一般法律原则。立法委员会的意见具有咨询性质,对政府或议会不具约束力。不过,立法委员会的意见书是政府立法草案必须附属的公开文件。

第三,立法表决。这一阶段包括议会委员会的筹备工作、议会的决定和政府颁布法律。议会的决策过程也可能受到公众的影响。拟议的立法总是提交给议会的一个委员会。个别议员可以向议会提出修正案和修改案。这些动议可能会受到利益组织、游说团体等的影响。在编写委员会报告期间,议会委员会可以举行公开或非公开听证会,有时会听取一些团体和组织的意见。这些团体和组织可以把自己的意见提交给议会委员会,也可以将提案提交上述所提到的立法委员会。这些环节在法律正式决定之前,都是必要的程序。

立法表决中一个关键环节是立法辩论。对此,《议会法》第 6 章第 20、21、22、23、24 条做了详细的规定。譬如,第 21 条规定每个议员的发言须提前向议长提出申请,同时至少要保证 4 分钟的发言。议员如果在没有事先通知议长的情况下发言,则应当限制在 4 分钟内,除非议长允许延长。第 22 条规定议长在控制辩论进程中的权力及政府部长在辩论中发言的权利。第 23 条规定了议长在同党团领袖协商后安排特别辩论的事项。第 24 条规定了辩论内容应当公开。在成功通过议会表决之后,新法律由政府正式颁布。所有新的或经修订的法律都在《瑞典规约》(瑞典语简称为 SFS)中发布。

第四,实施执行。查阅相关法律规定,瑞典对立法程序的描述未包含实施阶段。不过,在瑞典,行政当局和法院在解释法律时会使用准备工作中那些报告所阐述的原则和内容。当法律条文不够充分且法院尚无先例时,它们可以用来作为行政或司法裁判和解释的依据。

第五,评估反馈。作为法律程序的一部分,评估可以是系统的和计划性的。当然,它也可以是随机的且以案例为导向的,其中信息是由公众和大众媒体提供的。公众和大众媒体所提供的大量的反馈信息,可以为政府的下一次立法提供宝贵的经验支持。

由以上分析可知,不管是立法动议、准备工作、立法表决还是实施和反馈阶段,瑞典公众在议会立法过程的各个阶段都有着不同的参与,其中很多已经被制度化和法定化,特别是其中的政府委员会和独立委员会的专业报告。同时,在瑞典,一项议会法案的出台实际上经历了很多道工序,其中最为突出和重要的便是准备工作阶段。在此期间,一项立法案的准备汇聚了政府和社会各界的智慧。关于瑞典议会立法的流程,参见图2-4。

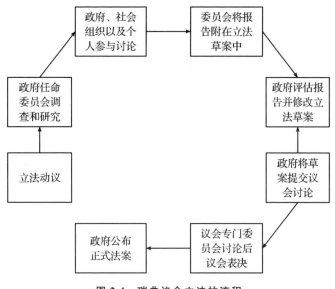

图 2-4　瑞典议会立法的流程

(四)对政府的质询与监督

20世纪自现代政府和福利国家兴起后,政府在国家政策和执行中发挥着关键的作用,而议会作为主权的代表却出现了"大权旁落"的现象。有人可能会认为瑞典是高福利国家,其中政府必然扮演最为主要的角色,而议会则会出现衰落的趋势。但实际上并非如此。瑞典通过议会委员会体制大大提升了议会的地位和能力。议会及其专门委员会以多种方式监督政府及其部门开展工作,具体包括以下几点:

第一,书面质询。在瑞典,议会可就有关问题和事项向首相和部长提出书面质询,而首相和部长必须做出解释。具体而言,根据《议会法》第8章的规定,质询必须以书面的形式提交给特定的部长,必须包括特定和具体的事项以及提出质询的理由,而相关部长应当在两周内予以答复。①不过,这里对质询设置了一定的限制,即议长如果认为质询与基本法相抵触,应拒绝提出质询,并说明做出决定的理由。如果大会仍然要求提出质询,议长就应将此事交由宪法委员会决定。如果宪法委员会已声明其与基本法并无抵触,则议长应当允许质询。②

第二,议会问答。在西方国家议会政治中,最引人注目的就是他们的议会辩论和问答环节。关于议员对政府的提问以及政府的回答,在瑞典主要分为书面和口头两个部分。关于书面问答,瑞典《议会法》第8章对此的规定与书面质询的规定类似,即提问应提交至特定的部长,必须包括特定和具体的事项以及提出问题的理由。议长如果认为提问与基本法相抵触,应拒绝提问,并说明做出决定的理由。③ 还有,不迟于周四上午10点提交的书面提问应在下周三中午12点前收到答复。根据工作需要,议长可在与党团领导人协商后确定应在问题提出后14天内做出答复。书面答复提交给议会行政管理局。④ 关于口头问答,《议会法》第8章规定

---

① See *The Instrument of Government*, Chapter 8, Art 4, https://www.riksdagen.se/en/SysSiteAssets/07.-dokument--lagar/the-instrument-of-government-2015.pdf/, accessed October 28, 2020.

② See *The Instrument of Government*, Chapter 8, Art 3, https://www.riksdagen.se/en/SysSiteAssets/07.-dokument--lagar/the-instrument-of-government-2015.pdf/, accessed October 28, 2020.

③ See *The Instrument of Government*, Chapter 8, Art 6, https://www.riksdagen.se/en/SysSiteAssets/07.-dokument--lagar/the-instrument-of-government-2015.pdf/, accessed October 28, 2020.

④ See *The Instrument of Government*, Chapter 8, Art 7, https://www.riksdagen.se/en/SysSiteAssets/07.-dokument--lagar/the-instrument-of-government-2015.pdf/, accessed October 28, 2020.

应当在每周四举行,首相或部长应当当场做出回答。①

　　第三,不信任投票。不信任投票是议会监督和控制政府的一种非常有效的手段,也体现了议会主权原则。在瑞典,议会可以宣布首相或内阁成员不再有议会的信任。这一动议须得到十分之一以上议员的联名。如获半数以上议员通过,有关阁员或全体内阁即应辞职。不过,在举行选举期间,不信任的动议不得被审议。同时,要求宣布不信任的动议,不得在各委员会内发起。当然,瑞典对政府官员(部长)履行职务的行为也给予了充分的保障。目前或以前担任部长的人在严重玩忽职守和实施犯罪行为的情况下,应对其在履行部长职责时的犯罪行为负责。这时提起刑事诉讼的决定应由宪法委员会做出,且案件须在最高法院审理。②

　　第四,宪法委员会。在瑞典,议会专门委员会当中的宪法委员会是议会监督和审查政府行为的机构,而非宪法审查机构。如上述所言,瑞典的宪法审查机构是立法委员会(事前立法审查)。宪法委员会监督和审查的内容主要包括部长履行公务和处理政府事务的情况。为便于审查,委员会有权查阅政府事项决定的记录和文件,以及委员会认为有必要审查的任何其他政府文件。此外,其他议会委员会或议会成员有权向宪法委员会提出与部长履行其官员职责有关的任何问题。如有需要,但至少每年一次,宪法委员会应向议会传达其发现的任何值得注意的观察结果。基于此结果,议会可能会向政府发表正式声明。③

　　第五,议会监察员。根据《瑞典政府组织法》规定,瑞典议会应当选择一个或者数个监察员来监督公共服务方面的法律和其他成文法的执行情

---

①　See *The Instrument of Government*, Chapter 8, Art 8, https://www. riksdagen. se/en/SysSiteAssets/07. -dokument--lagar/the-instrument-of-government-2015. pdf/, accessed October 28, 2020.

②　See *The Instrument of Government*, Chapter 13, Art 3-4, https://www. riksdagen. se/en/SysSiteAssets/07. -dokument--lagar/the-instrument-of-government-2015. pdf/, accessed October 28, 2020.

③　See *The Instrument of Government*, Chapter 13, Art 1-2, https://www. riksdagen. se/en/SysSiteAssets/07. -dokument--lagar/the-instrument-of-government-2015. pdf/, accessed October 28, 2020.

况。法院、行政机关以及州或地方政府雇员应向监察员提供其可能要求的信息和意见。在监察员监督下的其他人也有类似的义务。监察员有权调取法院和行政机关的记录与其他文件。如果有此要求,检察官应协助监察员。① 此外,瑞典还专门制定了《议会监察员法》,规定议会监察员必须保证公共权力机构包括法院在他们的活动中落实宪法规定的客观、公正与保护公民的基本权利和自由的内容。议会监察员具有很强的独立性,不仅完全独立于政府,也在很大程度上独立于议会。事实上,议会监察员只服从法律,没有上级主管机构。②

第七节　芬兰的合宪性审查模式与实践

一、议会宪法委员会的合宪性审查

合宪性审查目前主要有两种模式:一是以美国为代表的普通法院模式;二是以德国为代表的宪法法院模式。③ 两种模式所体现的都是司法至上原则,司法机关在合宪性审查中拥有"最后说了算"的权力。这显然与奉行议会至上原则的国家难以兼容。在这些国家中,议会至上原则意味着民主的胜利与人民主权的实现,法院对议会立法的合宪性审查长期以来被认为是"有违祖训"的僭越行为,而代表人民公意(General Will)的议会才是保障宪法实施的最理想主体。因此,这些国家议会立

---

① See *The Instrument of Government*, Chapter 13, Art 6, https://www. riksdagen. se/en/SysSiteAssets/07. -dokument--lagar/the-instrument-of-government-2015. pdf/, accessed October 28, 2020.

② 参见范明志:《审判监督与司法独立的平衡——瑞典议会监察员制度》,《山东审判》2005 年第 3 期。

③ 法国的宪法委员会模式也可以归类于德国模式。法国的宪法委员会原本是作为一个政治机构来维护和平衡法国的立宪政治。但在 1971 年的"结社法决定"案和 2008 年修宪之后,法国宪法委员会不管在审查内容还是方式上都已然与德国的宪法法院趋同。

法的合宪性主要通过议会内部的自我审查进行。其中芬兰就是一个典型的例子。芬兰的宪法委员会作为一个议会内部常设机关,长期以来一直在保证议会立法的合宪性方面承担着最主要的职责。与其他国家的普通法院和宪法法院相比,该委员会在许多方面有着不同。下面就该委员会的历史起源、性质地位、成员构成、主要职权、存在的问题等进行详述。

第一,历史起源方面可以一直追溯到1882年。那年有一个法案被提交到议会立法委员会(宪法委员会前身)以寻求意见。委员会并不从政治的角度,而是从是否合宪的角度来发表意见。1906年,新颁布的《议会法》规定成立宪法委员会,并将其增加到常任委员会当中。一直以来,宪法委员会都以"委员会已经从宪法的角度审查了该法案"来作为它对立法案意见的表述。如此表述,委员会想要强调的是,其决定并不受政治因素或政党政治的影响,而是从法治和中立的立场来审查立法是否合宪的。①

在争取独立期间,宪法委员会作为宪法的守护者,在保障立法的合宪性方面已逐步确立自身的权威地位。但在19世纪二三十年代,其权威还是在一定程度上被削弱了。那个时期,总统、议会全体会议、议长、内阁和最高法院等都开始分享对宪法的解释。不过,之后宪法委员会作为一个最高和最权威的合宪性审查机构的地位进一步巩固,且如今已无可置疑。②

第二,性质地位上宪法委员会只是一个普通的议会工作机构且并不具备独立性。一般而言,肩负合宪审查职责的普通法院或宪法法院不管差异有多大,它们都有两点共性。一是都基于一定的权力分立和制衡原则。众所周知,不管是马歇尔大法官在马伯里诉麦迪逊案中所论证的美国普通法院拥有对立法的司法审查权,还是"宪法法院之父"凯尔森针锋

---

① See Ilkka Saraviita, *Constitutional law in Finland*, Netherlands：Kluwer Law International BV, 2012, p.159.

② See Ilkka Saraviita, *Constitutional law in Finland*, Netherlands：Kluwer Law International BV,2012,pp.159-160.

相对地提出要设立专门的宪法法院负责合宪性审查,两者基本上都是从权力分立与制衡的原理和逻辑上为法院作为合宪性审查主体提供正当依据的。二是都具有高度的独立性。独立性不仅源于司法独立的基本原则,更源于合宪性审查与民主之间的关系。合宪性审查就是为了确保民主的正常运行而设计的"反民主"装置,通过引入宪法来约束多数民主和立法过程。① 因此,机构的独立性是其必然的逻辑结果。

与前两者相比,芬兰的合宪性审查机构要显得"反常规"很多。首先,从性质上讲,宪法委员会只是一个普通的议会工作机构,并不基于权力分立和制衡的原则而设立。根据《芬兰宪法》,宪法委员会只是芬兰议会中众多常设委员会中的一个,且任期与同一届的议会任期一致。② 其次,虽然包括议会自身、内阁、法院等在内的所有机构都会尊重宪法委员会所做出的关于法案是否合宪的声明,但这并没有得到制度上的保障。内阁或议会党团从理论上都有对其施加影响的权力和途径。在实践中,委员会的声明虽对议会具有约束力,但理论上委员会的结论又是附属于议会的。③

第三,成员构成上多数成员都只是普通议员,法律专业人士只占少数。世界各国合宪性审查工作主要都由具备法律专业知识的法官群体担任。如此安排不仅因为合宪性审查是一项专业性很强的法律工作,更因为法官社会地位的权威性、职业性质的被动性和中立性都决定了其是最合适的群体。而议会议员是最不适合履行该职责的群体。主要理由在于议员作为民意代表,其正当性和合法性来源就是民主选举,其行为特别是立法行为本身就是合宪性审查的对象。有意思的是,芬兰宪法委员会由议会中的普通议员构成。根据《芬兰宪法》第 35 条第 2

---

① 李少文:《合宪性审查的法理基础、制度模式与中国路径》,《比较法研究》2018 年第 2 期。

② See *The Parliament Act of Finland*, Section 46, http://www.servat.unibe.ch/icl/fi02000_.html.

③ See Ilia N. Zhdanov, *On the Role of the Constitutional Law Committee of the Parliament of Finland*, https://www.academia.edu/19170663.

款以及《议会法》，议会须通过无记名投票的方式在议员中选举至少 17
名正式成员和 9 名候补成员组成宪法委员会。① 而且大多数成员都不
是法律专家，甚至根本就不是法律界的人士，而是由非法律背景的普通议
员担任。根据宪法委员会原主席基莫·萨西(Kimmo Sasi)的说法，这样
安排的一个理由是，宪法问题涉及根本性的大问题，必须考虑不同的社会
价值和利益，在这方面，议员比法官或法学教授更了解社会和政治的发展
变化。②

　　不过，为了保证合宪性审查的专业性和有效性，宪法委员会的主席一
般都由具有律师从业经验的议会议员担任。同时，宪法委员会还下设了
一个立法咨询机构(Counsels of Legislation)，其成员是经验丰富的律师。
此外，更为重要的是，作为一个深受大陆法系影响的国家③，芬兰的宪法
委员会同样非常重视法学专家和教授的意见。这些专家大多是来自大学
的宪法学者、欧盟法和人权法学者。他们的意见一般会以书面的形式提
供。在提供意见过程中，法学专家和教授的人数要视被审查立法案所存
在合宪问题的复杂程度来确定。一般而言，简单的问题只需少数专家的
意见即可。而复杂的问题则需要另外增加 2—7 名专家。④ 如此一来，洞
悉社会政治变化的普通议员、具有法律知识的专业人士以及法学专家教
授有机地结合在一起，共同推进宪法委员会的审查工作。

　　第四，审查内容主要聚焦于立法草案的合宪性以及《芬兰宪法》与国

---

① See *The Constitution Act of Finland*，Section 35，July 17，1919，Parliament's
Rules of Procedure，https：//www. finlex. fi/en/laki/ajantasa/2000/20000040.
　　② 参见李林主编：《法治发展与法治模式：中国与芬兰的比较》，社会科学文献
出版社 2013 年版，第 45 页。
　　③ 作为一个典型的北欧国家，芬兰既不是严格意义上的大陆法系国家，也不是
严格意义上的普通法系国家，其法律统系吸收了大陆法系与普通法系的很多元素，但
又有自身的许多独特之处。See Jaakko Husa，Kimmo Nuotio，Heikki Pihlajamaki，
eds. ，*Nordic Law-Between Tradition and Dynamism*，Oxford：Intersentia Antwer，
2007，pp. 2-10.
　　④ See Ilkka Saraviita，*Constitutional law in Finland*，Netherlands：Kluwer
Law International BV，2012，p. 161.

际人权条约的关系。《芬兰宪法》第 74 条规定:"宪法委员会应就立法草案的合宪性以及提请其审议的其他事项发表声明,以及它们与国际人权条约的关系。"[1]从这一条款可知,宪法委员会的主要职权有三项:一是发表关于立法草案是否合宪的声明;二是发表其他事项的声明;三是发表以上两者与国际人权条约关系的声明。发表声明(Statement)是宪法委员会最重要的行为。在立法过程中,委员会要把声明提交给相关议会专门委员会予以考虑和讨论。

除发表声明外,宪法委员会还会发表其他事项的报告(Report)。如:涉及宪法的方案要送到宪法委员会寻求报告;选举法案,以及涉及政党、公民权和奥兰自治权的法案在提交给议会全体会议之前也要送到宪法委员会寻求报告;基于《芬兰宪法》第 21 条关于"善治(Good Governance)"的要求,发表关于议会立法质量的报告。同时,宪法委员会也审查政府、司法部部长、监察专员的年度报告,审查弹劾案,审查国际人权条约等。[2]

第五,必须要指出的是,芬兰的合宪性审查任务并非宪法委员会"独家包揽"。在芬兰的立法程序中,包括司法部、内阁、总统等在内的各机构对立法案的合宪性都有"把关"的权力。在法案的起草阶段,政府工作人员会首先审查立法案的合宪性。随后,政府司法部部长也会考虑立法案的合宪性问题,并考虑是否建议由宪法委员会来进行审查。然后,议会专门委员会、议会秘书长以及议会常设委员会在审议过程中,如果认为理由是充足的,也会将法案交由宪法委员会来审查。宪法委员会若发现立法提案确有冲突,则会建议议会修改与宪法冲突的条款。但如果议会执意要通过该法案,则议长有义务阻止该法案的通过。最后,即便法案通过了,被提交到总统那里签署,如果总统认为法案存在合宪性问题,也可以

---

① See *The Constitution of Finland*, Section 74, June 11, 1999, https://www. finlex. fi/en/laki/kaannokset/1999/en19990731. pdf.

② See Ilkka Saraviita, *Constitutional law in Finland*, The Netherlands: Kluwer Law International BV, 2012, p. 151.

将法案退回议会重新审议。①

经过以上层层把关,芬兰议会立法的合宪性问题基本上可以在事前审查中得到解决。不过,不管是从理论还是从实践上来讲,漏洞仍然是存在的。首先,虽然在实践中议会立法提案都会送宪法委员会以寻求其发表是否合宪的声明,但议会立法提案并不是被强制和必须要提交到宪法委员会进行合宪性审查的。因此,未经宪法委员会审查就已通过立法提案的意外仍然是有可能发生,至少在理论上是这样的。其次,法条具有一定的抽象性,而社会又是纷繁复杂和不断变化的。一个法条或一部立法虽然在一段时间内合宪,但随着社会的发展和变化,我们不可能保证所有的立法在以后都不违宪。还有,在法的适用过程中,由于不同个体和人群的知识结构、社会经验或利益驱动不同,这很可能会使立法的合宪性在认知和理解上产生更大的误差和歧义。因此,已生效实施的立法欲在纷繁复杂的社会现象中继续保持合宪性,则只有通过司法领域来寻求依据和正当性,即由法院发挥作用来弥补以上缺陷。

二、法院对议会立法的弱司法审查

"二战"之后,随着人们对政治制度所存在缺陷的反思以及认识到宪法权利对保障个人自由的极端重要性,法院的合宪性审查制度如雨后春笋般在世界大多数国家相继建立起来。显然,法院合宪性审查已成为20世纪不可逆转的大趋势,并且有理由相信这个趋势将持续到21世纪。②

---

① See Ilkka Saraviita, *Constitutional law in Finland*, The Netherlands: Kluwer Law International BV, 2012, p. 162; Voitto Saario, *Control of the Constitutionality of Laws in Finland*, 12 Am. J. Comp. L. 194(1963). 还有,这里需要说明的是,立法草案合宪性审查中,他们的地位和作用都要次于宪法委员会,宪法委员会具有"最后说了算"的权力。See Juha Lavapuro, Tuomas Ojanen, Martin Scheinin, "Rights-based Constitutionalism in Finland and the Development of Pluralist Constitutional Review, "*International Journal of Constitutional Law*, vol. 9(2011), pp. 505-531.

② 参见张千帆:《从宪法到宪政——司法审查制度比较研究》,《比较法研究》2008年第1期,第72—87页。

然而，正如上文所提到的，议会至上原则的确立和发展对于一些国家来说代表着光荣的过去和民主的胜利，任何"篡夺"议会权力的改革都会被贴上"背叛革命"的标签。因此，这些国家长期以来对法院的合宪性审查保持着警惕。不过，在法院的合宪性审查已是大势所趋的时代背景下，最终的变革还是发生了。加拿大、新西兰和英国分别在 1960 年、1990 年和 1998 年制定了《权利法案》。这些法案的制定和实施标志着一种弱司法审查（Weak Judicial Review）模式的兴起。① 继这些英联邦国家之后，芬兰也在 2000 年的修宪中确认了该制度，但芬兰的弱司法审查又有非常独特的地方。下面就该制度何以在芬兰历史上缺失，为何后来又被引入，以及其具体规则、实践情况如何等进行详述。

芬兰何以如此之迟才建立该制度？对此，从历史与宪制的角度来讲，原因主要有两点：首先，历史原因可以一直追溯到俄国统治时期。在那个时期，芬兰虽为俄国的一个自治地方，但自治政府受到圣彼得堡的严厉控制并被要求对其效忠，从而充当了俄国干涉芬兰自治事务的工具。与此同时，那段时间的芬兰议会在捍卫芬兰自治权中发挥着中流砥柱的作用。② 在独立后，这个自治政府被拆分为国务委员会（Council of State）和最高法院。如此一来，芬兰的最高法院就像法国大革命后法国最高法院一样，其在人民当中声誉相当差，自然也无从谈起对议会立法的司法审查。而恰恰相反，当时的议会被认为具有坚实的正当性基础，是表达公意的唯一场所。宪法和宪法惯例允许议会有很大的自由裁量权。虽

---

① "弱司法审查"与"强司法审查"相对，该概念最早由哈佛大学马克·图施耐特（Mark Tushnet）教授提出。他将具有至上和终局性的法院司法审查模式称为"强司法审查"，如美国和德国的司法审查。而将一些议会至上国家所发展出的法院司法审查模式称为"弱司法审查"。在以加拿大、新西兰以及英国为代表的英联邦国家的弱司法审查中，法院对存在违宪的法律做与宪法不一致的宣告，议会仍然握有最终的决定权，法院的司法审查有可能最终被议会推翻。See Mark Tushnet, "Forms of Judicial Review as Expressions of Constitutional Patriotism," *Law and Philosophy*, vol. 22, no. 3(2003), pp. 353-379.

② Ilkka Saraviita, *Constitutional law in Finland*, Netherlands: Kluwer Law International BV, 2012, pp. 158-159.

然这并不意味着对立法没有任何限制,但表明可以由议会自己决定立法是否合宪。① 其次,芬兰的宪制不管从理论还是实践上都是经典的立法至上原则(Legislative Supremacy Principles)。譬如 1919 年宪法第 2 章虽规定了许多宪法权利,但这些权利被理解为主要是针对和限制立法的,而不是可直接适用的个体权利。还有从权力结构上看,芬兰法院从属于议会,法院并没有质疑"上级领导"议会所立之法的资格和权力。②

但芬兰作为一个典型的欧洲国家,欧洲形势的发展往往会对其国内政治及其制度产生重大且深远的影响。"二战"后,欧洲各国陆续签署《欧洲人权公约》并相继加入欧洲联盟。签署《欧洲人权公约》意味着本国任何个人、非政府组织或者个人团体,凡声称自己受公约和议定书所保障的权利遭到缔约方侵犯的,在穷尽国内救济后,可以寻求欧洲理事会和欧洲人权法院的司法救济。③《建立欧洲经济共同体条约》当中的先决裁决制度更是在缔约国的所有法院与欧洲法院之间建立了直接的联系。④ 如此一来,缔约国的法院越来越多地以更广泛的国际视角取代纯粹的国内法视角,而国际法也成为国内法院进行司法裁判的重要法律渊源。⑤

---

① See Andreas Follesdal, Marlene Wind, "Introduction-Nordic Reluctance Towards Judicial Review Under Siege," *Nordisk Tidsskrift for Menneskerettigheter*, vol. 27, no. 2(2009).

② See Juha Lavapuro, Tuomas Ojanen, Martin Scheinin, "Rights-based Constitutionalism in Finland and the Development of Pluralist Constitutional Review," *International Journal of Constitutional Law*, vol. 9(2011), pp. 505-531.

③ See *European Convention on Human Rights*, Article 34, https://www.echr.coe.int/Documents/Convention_ENG.pdf.

④ See *Treaty Establishing the European Economic Community*, Article 234, https://www.cvce.eu/obj/treaty_establishing_the_european_economic_community_rome_25_march_1957-en-cca6ba28-0bf3-4ce6-8a76-6b0b3252696e.html.

⑤ See Andreas Follesdal, Marlene Wind, "Introduction-Nordic Reluctance Towards Judicial Review Under Siege," *Nordisk Tidsskrift for Menneskerettigheter*, vol. 27, no. 2(2009).

芬兰在 1990 年加入欧洲人权理事会后不久,其宪法委员会就要求法院在对所有国内法包括所有议会立法的解释中强调"人权导向"(Human-Right Oriented)解释的重要性,以避免芬兰国内法与《欧洲人权公约》之间的冲突。① 同时,如上文所言,加入欧洲人权理事会也激励了芬兰对国内宪法权利保护范围和机制的全面改革。宪法权利改革的重要目的之一就是在日常法院实践中强化宪法权利的重要性。有几项宪法权利条款就是特意制定的,以便法院能够直接适用这些条款。② 更为值得一提的是,芬兰在 1995 年加入欧盟,使得芬兰法院可以直接根据欧盟法来审查所有的国内法是否与之相符,虽然这个时期法院还并未被允许去审查议会立法的合宪性。所有这些变化都意味着,依赖于立法和司法机构,旨在为权利和民主价值提供有效保护的一种较弱和多元形式的宪法审查机制和理论,在 20 世纪 90 年代初中期已经出现。③

显然,以上的发展和趋势使得芬兰各界在 20 世纪 90 年代开始重新审视是否以及如何在芬兰推进法院对议会立法的司法审查。人们开始质疑 1919 年宪法第 92 条禁止法院对议会立法进行司法审查的合理性。最后的结果便是 2000 年宪法第 106 条的出台。这一条款又被称为宪法优位(The Primacy of the Constitution)条款,具体条文为:"如在法院审理的案件中,适用某一法律明显与宪法冲突,法院应优先适用宪法规定。"④

① See Tuomas Ojanen, "From Constitutional Periphery Toward The Center-Transformations of Judicial Review in Finland," *Nordic Journal of Human Rights*, vol. 27, no. 2(2009).

② See Tuomas Ojanen, "From Constitutional Periphery Toward The Center-Transformations of Judicial Review in Finland," *Nordic Journal of Human Rights*, vol. 27, no. 2(2009).

③ See Juha Lavapuro, Tuomas Ojanen, Martin Scheinin, "Rights-based Constitutionalism in Finland and the Development of Pluralist Constitutional Review," *International Journal of Constitutional Law*, vol. 9(2011), pp. 505-531.

④ See *The Constitution of Finland*, Section 106, June 11, 1999, https://www.finlex. fi/en/laki/kaannokset/1999/en19990731. pdf.

从条文可知,第 106 条所要构建的是一种弱司法审查形式,且它并非要把宪法委员会对议会立法合宪性审查的主要责任转移到法院那里,而应该被理解为对原先机制的一种补充。首先,这体现在法院适用宪法条款的前提条件,即只有在已经没有其他法律条款和解释方法来解决议会立法和宪法之间冲突的极端情况下,才可以适用宪法条款。同时,法院在对法律的解释过程中必须先采取一种"宪法导向的解释路径(Constitution-oriented interpretation approach)"。[①] 这意味着法院在进行解释之前,必须先推定被解释的立法是"合宪的",以表示对议会政治决断的尊重,即法院首先要遵从"合宪性推定"原则。

其次,议会立法和宪法的冲突必须是明显的(Evident)。"明显的"假设宪法委员会对议会立法的合宪性审查能够有效地保障立法的合宪性,而两者之间的明显冲突在实践中是很少的。但与此同时,这样的冲突也是有可能存在的。因为事前的抽象审查几乎不可能预测到立法生效后的所有可能后果。第 106 条正好是对宪法委员会事前抽象审查所无法克服的缺点的一种必要补漏。不过,法院还是必须采取一种司法节制的态度,不能频繁和轻率地适用第 106 条,以维护宪法委员会的权威地位。

最后,芬兰法院并没有像德国宪法法院那样拥有宣布某一法律或条款无效的权力。法官只能在个案中审查某一法律或具体条款是否与宪法相抵触。而且,法官也没有像美国普通法院的法官那样,在个案判决中明确宣称某一法律或条款是否与宪法相抵触,而只能通过优先适用宪法这样"委婉"的方式来宣布违宪。

从以上介绍和分析可知,芬兰合宪性审查采取的是以议会宪法委员会审查为主、法院的弱司法审查为辅的混合模式。该模式不管是审查的机构、性质、强度、时间和形式,还是成员构成、独立性、制度逻辑等方面,

---

[①]　See *Government Proposal for the New Constitution HE 1/1998*, *164*; *the Report by the Constitutional Law Committee on Government Proposal HE 1/1998*, *PeVM 10/1998*, *31*. Cited in Tuomas Ojanen, "From Constitutional Periphery Toward The Center-Transformations of Judicial Review in Finland," *Nordic Journal of Human Rights*, vol. 27, no. 2(2009).

与我们所熟知的美国、德国和法国这些传统国家的模式都有所不同,显得非常独特,参见表2-7。

表 2-7　美国、德国、法国与芬兰的合宪性审查模式比较

国家	美国	德国	法国	芬兰
审查机构	普通法院	宪法法院	宪法委员会	宪法委员会＋普通法院
审查性质	司法审查	司法审查	准司法审查	立法审查＋司法审查
司法审查的强弱	强	强	强	弱
成员构成	法官	法官	离任总统＋法官	议会议员＋法官
独立性	独立	独立	独立	宪法委员会不独立＋普通法院独立
审查时间	事后	事前＋事后	事前＋事后	宪法委员会事前＋普通法院事后
审查形式	具体	抽象＋具体	抽象＋具体	宪法委员会抽象＋普通法院具体
制度逻辑	权力分立与制衡	权力分立与制衡	权力分立与制衡	工作分工

第三章　20 世纪北欧司法审查遭遇的困境

本章将探析北欧社会民主在 19 世纪末和 20 世纪初得以发展的原因，以及北欧社会民主对司法审查制度与实践的影响。

第一节　北欧社会民主在 19—20 世纪的发展

北欧社会民主运动始于 19 世纪后半期，主要是工业发展、产业工人壮大和工会组织的出现，以及德国社会民主思想、英国宪章运动和费边主义思想传播等因素的综合结果。下文将从北欧社会民主兴起的时代背景、发展阶段、重大成就三个方面予以简析。

一、时代背景

当我们去考察北欧社会民主的缘起和发展过程时，唯有将其放置于欧洲社会主义运动的大背景中方能看清。欧洲社会主义运动源于西方工业革命过程中的工人运动。在北欧进入工业化时代之前，欧洲各国的社会主义思想已经得到了广泛传播和发展，其中英国费边主义、工联运动、宪章运动，以及德国社会民主理论与实践的发展对北欧的影响最大。

英国费边主义思想所强调的温和与渐进改良的主张，以及宪章运动中工人阶级争取普选权的主张得到了北欧各国的普遍认同。德国社会民主运动对北欧的影响可从以下这些例子得以佐证。瑞典社会民主党由奥古斯特·帕尔姆起草的一份党纲是完全按照德国社会主义工人党的《哥达纲领》制定的。1897 年由布兰亭起草的党纲也是根据瑞典实际,对 1891 年德国社会民主党的《爱尔福特纲领》进行多次修改而拟定的。① 此外,1848 年欧洲革命失败对北欧走社会民主道路产生了重要影响,使北欧国家坚信只有走议会道路才是最为现实的路径。②

二、发展阶段

北欧社会民主运动是 19 世纪中叶以来北欧进入工业化社会后在工人运动基础上产生的政治民主运动③,主张通过获取政治权力来解决经济和社会问题,把国家变成抗衡资本的力量。纵观北欧社会民主的发展,大致可以分为三个时期。

一是北欧社会民主运动的诞生时期(1848—1916)。19 世纪末 20 世纪初,北欧社会民主党也同欧洲大陆的其他社会民主党一样,逐渐从体制外政党向体制内政党转型。④ 社会民主党在建立后,首要任务就是争取普选权,因为他们认为这是对政治和经济部门实行民主控制的前提。⑤ 由此,在这段时期,北欧社会民主党的主要任务是争取普选权。北欧各国社会民主党成立时间,参见表 3-1。

---

① 参见向文华:《斯堪的纳维亚民主社会主义研究》,中央编译出版社 1999 年版,第 169 页。

② See Nik Brandal, Qivind Bratberg, Dag Einar Thorsen, *The Nordic Model of Social Democracy*, London: Palgrave Macmillan, 2013, pp. 20-24.

③ 参见贝尔恩特·雷迪斯:《欧洲的社会民主主义及其政治争论》,《当代世界与社会主义》1999 年第 2 期。

④ 参见袁群:《瑞典社会民主党的历史、理论与实践》,云南人民出版社 2009 年版,第 29 页。

⑤ 参见袁群:《瑞典社会民主党的历史、理论与实践》,云南人民出版社 2009 年版,第 47 页。

表 3-1　北欧各国社会民主党成立时间

国家	丹麦	挪威	瑞典	芬兰
年份	1871	1887	1889	1899

二是走向社会民主的北欧模式时期(1917—1940)。这段时期北欧各国社会民主党的主要任务是争取议会席位并上台执政。社会民主其中一个重要目标就是要保证每一个公民都有体面地、平等地做人的社会权利。① 早在 20 世纪 20 年代，北欧各国社会民主党就提出了分三步走的长期发展战略，即首先争取政治民主，取得政权，其次利用政权实现社会民主，最后实现经济民主。20 世纪 30 年代的经济和社会混乱(大萧条)给北欧各国社会民主党上台执政带来了机遇。通过凯恩斯主义的经济政策以及大量社会立法，北欧各国社会民主党很快就带着各自的国家走出了经济危机的阴影。

三是北欧社会民主的黄金时期(1941—1970)。这段时期北欧各国社会民主党的主要任务是福利国家的建设。战后欧洲普遍的合作思想以及马歇尔计划的实施为欧洲经济复苏和腾飞注入了强心剂，使得包括北欧各国在内的欧洲国家在 20 世纪 60—70 年代经济高速发展，并建成了规模空前的现代福利制度。②

三、重大成就

如果用一句话来概括北欧社会民主党的主要政策的话，那就是：政治民主上主张通过和平协商解决分歧，提倡各阶级和团体之间的合作团结；经济民主上主张"混合经济制度"；社会民主上主张高水平且广泛的社会福利。事实上，北欧国家的社会民主主义建设所取得的成就是

---

① 参见袁群：《瑞典社会民主党的历史、理论与实践》，云南人民出版社 2009 年版，第 206 页。

② See Nik Brandal, Qivind Bratberg, Dag Einar Thorsen, *The Nordic Model of Social Democracy*, London: Palgrave Macmillan, 2013, pp. 19-54.

有目共睹的。

首先是政治民主方面的成就。社会民主党在北欧各国的成立,大大激发了广大民众特别是工人阶级的政治参与热情。在社会民主的推动下,北欧各国的选举参与度显著提高,特别是第二次世界大战后的福利国家建设时期,议会选举参与程度达到80%至90%。[1]

其次是经济民主方面的成就。在社会民主党的带领下,北欧各国通过劳资集体谈判、工人参与企业经营决策、国家干预和保障就业等方式,实现了国民经济高增长和工人阶级经济利益充分保障的双赢,经济发展水平位居世界前列。

最后是社会民主即福利国家建设方面的成就。北欧社会民主最瞩目的成就还应数福利国家的形成。在第二次世界大战后的黄金时期,北欧社会服务开支占国民总收入的比例大幅攀升,建立了所谓从"摇篮到坟墓"的高福利社会。关于那段时间北欧社会总开支占国民总收入的比例,参见表3-2。

表3-2　北欧社会总开支占国民总收入的比例

国家	年份		
	1950	1960	1970
丹麦	8.6%	10.7%	19.0%
芬兰	8.3%	9.4%	15.7%
冰岛	6.2%	7.7%	10.2%
挪威	6.3%	9.8%	14.8%
瑞典	8.2%	10.5%	17.9%

资料来源:[丹]福尔默·威斯蒂主编:《北欧式民主》,赵振强、陈凤诏、胡康大等译,中国社会科学出版社1990年版,第376页。

---

[1]　参见[丹]福尔默·威斯蒂主编:《北欧式民主》,赵振强、陈凤诏、胡康大等译,中国社会科学出版社1990年版,第126页。

第二节　北欧社会民主兴盛的原因

事实上,关于北欧社会民主的成功,不管在我国还是在国外都是一门"显学",这方面的研究文献也是汗牛充栋。探究北欧社会民主成功的原因,可以从两个方面入手,即从外部原因和内部原因入手。

一、外部原因

北欧各国不管在内政外交、社会思潮还是在社会发展等方面都受到欧洲其他国家特别是德国、英国和法国的影响。就北欧社会民主成功的外部因素而言,主要包括以下几点:

第一,产业工人的政治觉醒。18世纪末19世纪初,英国人瓦特改良蒸汽机之后,一系列技术革命引起了从手工劳动向动力机器生产转变的工业革命,使得大量农村人口转变为城市人口。与此同时,启蒙时代关于所有人的平等价值、代议制民主和共同决定的观念让来自下层社会阶层的人们开始质疑既定的社会结构并要求政治变革。① 所有这些都促使产业工人登上政治舞台,提出自己的政治诉求,参与政治活动。

第二,社会主义运动深入人心。在工业革命的推动之下,19世纪资本主义经济得到迅速的发展,但是弊端也在日益暴露。社会主义批判资本主义弊端,并成为人们的一种美好理想,越来越受到普通民众的认同和支持。工人阶级处于社会最底层,其诉求也是各阶层中最多的。因此,社会主义者认为只要满足了无产阶级的诉求,就等于满足了全社会的诉求。无产阶级的解放也就可以说是全社会的解放。事实上,德国的社会民主

① See "The History of the Riksdag", http://firademokratin. riksdagen. se/global/in-english/#,accessed October 9,2020.

运动和英国的宪章运动都属于社会主义左翼运动的一种类型,这对北欧产生了重大的正面影响。19世纪,社会主义理想也在北欧各国中得到普遍传播。

第三,世界大战的残酷和战争催生的合作思想。关于社会民主何以在欧洲兴起的讨论中,人们一般都会对工人阶级运动、社会运动及资本主义的经济危机等因素进行讨论,但往往会忽视另一个因素,即世界大战。世界大战解释了社会民主能在20世纪特别是下半叶得以繁荣的原因。世界大战后,欧洲人民普遍意识到在国家受到外部威胁时保障公民人身安全方面的重要性。同时,人们也渐渐认识到国家是集体意志和利益的表达,是阶级力量平衡的凝聚。[1] 可见,战争对国家与公民之间关系的影响是深远的,不仅使得两者之间产生了极为紧密的联系,同时共同的战争经历让人们产生了社会和谐的共同愿望。譬如英国战后福利国家的道德基础就是"二战"时的经历,特别是闪电战使人民普遍产生脆弱感和相互依赖感。[2]

第四,经济大萧条和宏观经济政策的成功。1929年由美国金融危机所引发的世界范围内的经济危机对欧洲各国都产生了巨大的冲击。欧洲各国普遍陷入经济倒退、企业大批量关闭、政府债务高筑、失业率上升等经济和社会困境。在此背景下,凯恩斯主义和社会民主主义的政策主张普遍受到各国的重视。以北欧为例,在1929年的丹麦选举中,社会民主党重新回到政府,并采取了一些经济和社会立法来应对危机。在瑞典,社会民主党失去执政权后又回到政府,以凯恩斯主义模式治理国家,取得了优异的成就。[3]

---

① See Paul Adams, "Social Democracy, War, and the Welfare State," *J. SOC. & SOC. Welfare*, vol. 15, no. 27(1988).

② See Paul Adams, "Social Democracy, War, and the Welfare State," *J. SOC. & SOC. Welfare*, vol. 15, no. 27(1988).

③ See Nik Brandal, Qivind Bratberg, Dag Einar Thorsen, *The Nordic Model of Social Democracy*, London: Palgrave Macmillan, 2013, pp. 46-49.

二、内部原因

约瑟夫·熊彼特曾经指出："每个国家有她自己的社会主义。"①在讨论外部原因之后，我们一定会问：社会民主何以是在北欧而不是在其他国家和地区取得如此成就？这涉及北欧的独特性问题。由此，下述特性是值得考量的。

第一，早期优良的民主与法治传统。北欧与其他国家和地区不同，在古代时期就有优良的民主与法治传统。给北欧社会带来民主与法治面貌的各种制度可以追溯到它们的历史发源期。其中一个主要的制度是被称作"评"（Ping）的议事会制度。②北欧社会在政治上以古代习惯法和议事会为中心，议事会的主要作用是解释和应用法律、仲裁争端、任命或罢免国王。议事会的一个基本原则是所有自由的、武装的人都可以参与。这种"议事会政体"是北欧所独有的，对近现代北欧民主与法治的发展构成了深远的影响。③

第二，独特的地理环境和自然资源。由于北欧偏于欧洲北部，三面环海，独特的地理环境不仅造就了绮丽的自然风景，同时也提供了极为丰富的自然资源。由于受北大西洋暖流影响，北欧气候除最靠近北极圈的地区外，大部分地区都是温和湿润，适合树木生长的，素有"欧洲锯木场"之称。整个斯堪的纳维亚半岛河流短小，多险滩瀑布，这为北欧各国的水电行业等工业发展提供了极好的条件。北欧的渔业资源也是极其丰富的，无边的海洋、密布的湖泊为北欧提供了辽阔的"蓝色牧场"。最后，也是最为重要的，北欧拥有极其丰富的矿藏和石油资源，这为北

---

① ［美］约瑟夫·熊彼特：《资本主义、社会主义与民主》，吴良健译，商务印书馆2017年版，第469页。

② ［丹］福尔默·威斯蒂：《北欧式民主》，赵振强、陈凤诏、胡康大等译，中国社会科学出版社1990年版，第3页。

③ ［丹］福尔默·威斯蒂：《北欧式民主》，赵振强、陈凤诏、胡康大等译，中国社会科学出版社1990年版，第24—25页。

欧各国带来了丰厚的收入。① 这也是福利国家建设的重要物质基础。

第三,同质化程度较高的单一民族。从北欧各国的民族构成看,五国均为同质化程度相当高的单一民族国家。具体而言,瑞典除了北部有人数极少的萨米族外,90%以上为瑞典人。挪威同样如此,除少数萨米人外,挪威人构成该国人口的绝大多数。丹麦除少数德裔外,大部分人口是丹麦人。芬兰除了少数萨米人和俄罗斯人外,绝大多数人口都是芬兰人。冰岛则既没有少数民族亦没有外国侨民。此外,由于北欧的人口相对较少,自 19 世纪末期工业化后,大多数农村人口已搬迁至城市。由此,北欧各国的城市与乡村之间、中心与边缘之间的分野已经相对较弱。这也使得各国内部差异性进一步缩小。

第四,强调包容与共识的政治文化。前文提到,北欧人性格内敛、自律,行事低调,富有政治智慧,内心充满民族自豪感和自尊心,这反映在政治上,表现为注重实用、崇尚渐进、尊重权威、反对走极端的优良品质,这使得北欧人在许多问题上更易于达成共识。②

第五,路德宗的宗教信仰。路德宗的一个核心是"因信称义",即认为人只要有发自内心的对上帝的爱和信,便可以在上帝面前称为"义人"。路德宗恢复和发扬了初代教会的传统,即人与人之间应当相互帮助与扶持,过共同的圣洁生活。北欧五国深受路德宗影响,并将其奉为国教。

三、小结:北欧的独特优势

由以上分析可知,北欧之所以能在社会民主运动方面取得巨大成就,有其自身的独特优势,而这种优势是其他国家和地区并不具备的。诚如约瑟夫·熊彼特在《资本主义、社会主义与民主》一书中评价瑞典那样:

---

① 参见刘琳、刘晓玲、周笑冰、路云辉:《没有"主义"的北欧》,海天出版社 2010 年版,第 11—18 页。

② 参见任军锋:《超越左与右? 北欧五国政党政治比较研究》,上海三联书店 2012 年版,第 5—8 页。

"她（瑞典）的社会主义与社会主义者之迥然不同于其他国家，不是由于原则或意向的任何特色，而是造就瑞典民族的材料和她特出均衡的社会结构。这就是为什么说，其他民族试图抄袭瑞典的榜样是十分荒谬的原因；要抄袭她的唯一有效方法，只有请来瑞典人，让他们执掌主权。"①

第三节　北欧社会民主与议会体制的有益互动

一、社会民主与议会制的发展

19世纪后期和20世纪初，北欧社会民主党也同欧洲大陆的其他社会民主党一样，逐渐从体制外政党向体制内政党转型。社会民主党建立后的首要任务就是争取议会的普选权。那么，社会民主党的体制内活动对北欧各国的政治产生了什么样的影响？主要是促进了议会体制的发展并使之正式确立。

瑞典社会民主党在1889年建党后的最初一段时间里，将首要任务确定为争取普选权和开展改善经济条件的斗争。在其领导下，1909年30多万名工人进行了长达一个多月的全国总罢工，规模之大超过了当时欧洲历史上任何一次工潮。1907年和1909年，瑞典普通男性公民获得了选举权，有权投票的人口比例从9％增加到略高于19％；1918—1921年间，瑞典男女获得普遍且平等的选举权。②

丹麦虽然在1849年制定了一部宪法，但当时丹麦的议会主要还是由成年男性共同投票选举产生，且主要由独立的农民、商人和受过教育的阶层组成。议会选举权还仅限于富人阶层。从1915年起，丹麦的男女公民都有了议会的投票权，丹麦的社会民主党在其中发挥了关键作用。

---

① 参见［美］约瑟夫·熊彼特：《资本主义、社会主义与民主》，吴良健译，商务印书馆2017年版，第470页。

② See https://www. riksdagen. se/en/how-the-riksdag-works/the-history-of-the-riksdag/the-fight-for-the-right-to-vote，accessed April 12, 2024.

挪威和芬兰的情况与上述两个国家大致相同,在此不再赘述。关于这四国普选权的确立时间,参见表3-3。

表3-3　芬兰、挪威、丹麦、瑞典四国普选权的确立时间

国家	芬兰	挪威	丹麦	瑞典
年份	1906	1913	1915	1921

资料来源:[丹]福尔默·威斯蒂主编:《北欧式民主》,赵振强、陈凤诏、胡康大等译,中国社会科学出版社1990年版,第70页。

考察上述四国的宪法或基本法,可以发现四国无一例外地都选择了比例代表制(四国议会首次出现比例代表制的时间,参见表3-4)。社会民主的政治制度不仅存在而且将会持续为公民提供高层次的自由,这里的自由包括个人的、文化的、物质的和社会的自由。社会民主的政治制度是一种允许社会所有阶层都能平等参与政治的民主体制,而不仅仅是一种胜者通吃的民主体制。这在议会中是如何体现的呢?事实上,比例代表制所主张的所有政党都能参与政治和分享权力的理念大大促进了社会各阶级和不同利益团体之间的团结,从而维护了政治的稳定,推进了政策的实施。

表3-4　芬兰、瑞典、丹麦、挪威四国议会首次出现比例代表制的时间

国家	芬兰	瑞典	丹麦	挪威
年份	1906	1909	1915	1920

资料来源:[丹]福尔默·威斯蒂主编:《北欧式民主》,赵振强、陈凤诏、胡康大等译,中国社会科学出版社1990年版,第70页。

北欧各国原本的制度预设是基于议会多数民主原则,由议会多数党执政,而由少数党充当反对党的角色。这样一来就形成如英国那样的议会政治,反对党通过批判政府以及争取下一次大选赢得执政地位来保障民主的正当性。但政治实践并非如制度安排预期的那样。譬如,瑞典采取了另一种策略来取得民主正当性,即通过让非执政党与执政党共享权力,并把非执政党人纳入政府的形式来实现民主。这样政府就可以代表整体国民而不是多数国民,即实现通常所说的共识民主。①

---

①　See Leif Lewin,"Majoritarian and Consensus Democracy: the Swedish Experience," *Scandinavian Political Studies*, vol. 21, no. 195(1998).

二、小结：议会制与社会主义具有天然的亲缘性

由上可知，北欧议会制的形成和确立与社会民主运动有着密切的关系。议会制的最大特点是民主多数决定原则和无限制的立法权力。事实上，无限制的议会主权原则和社会民主的经济、社会目标具有高度的契合性。

第四节 社会民主对司法审查的抑制

一、社会民主运动前北欧司法审查的兴盛

（一）美国理论对北欧司法审查制度与实践的影响

美国《独立宣言》和《美国联邦宪法》的文本都对挪威宪法的制定和出台发挥了关键作用。挪威宪法间接甚至直接借鉴或移植了《美国联邦宪法》。除此之外，还有一个重要的事项是，挪威的司法审查理论和实践也是直接"复制于"美国。挪威司法审查又对丹麦和冰岛司法审查的制度构建和实践产生了直接的作用，同时也对瑞典和芬兰产生了一定影响。那么，在19世纪后半叶和20世纪初美国的司法审查理论和实践是如何穿越大西洋从美国传到北欧的呢？主要是通过学术著作进行传播。

学界一般认为，理论学说在19世纪末期的西方法律发展中扮演了极为重要的角色。① 在19世纪末的北欧西部，不管是挪威、丹麦还是冰岛，司法审查制度都并未得到宪法规范条文的明确规定。为了论证司法审查的正当性，围绕"国家权力应当受到限制"这一主题，北欧学者不断引

---

① See Ragnhildur Helgadottir, *The Influence of American Theories on Judicial Review in Nordic Constitutional Law*, Leiden: Martinus Nijhoff Publishers, 2006, p. 25.

用美国理论来论证北欧各国议会的权力也应当受到限制。在那个时期,挪威宪法学者通过对美国宪法及其理论学说的介绍与著述,深刻影响着挪威法院司法审查的发展。① 其中最为重要的一部著作就是阿什豪格教授的《挪威现行宪法》。② 此外,还有阿什豪格教授的继承者,奥斯陆大学宪法学教授摩根斯特尔娜在《挪威现行宪法》的基础上对挪威宪法的阐述。③ 这些著作论证了法院司法审查的正当性,被挪威最高法院频繁引用,极大影响了挪威法院司法审查的实践。

挪威宪法学者的思想和观点对丹麦和冰岛的司法审查实践的影响也是巨大的。特别是《挪威现行宪法》一书的观点和思想对两国的司法审查实践产生了直接影响。作为阿什豪格教授的学生,丹麦著名宪法学者马特仁(Matzen)教授是丹麦历史上第一个阐述丹麦的国家权力特别是议会权力应当受到限制的学者。马特仁教授在《挪威现行宪法》的基础上不断阐述"国家权力应当受到限制"这一立宪主义思想。

除对"国家权力应当受到限制"这一理论进行论述外,北欧宪法学者还对既定权(vested rights)进行了讨论。既定权的内容根植于自然权利,且这些权利已经超越了议会立法权所能达到的范围,因此,立法权对既定权的损害应当被避免。④ 既定权理论在美国 19 世纪的法律思想中扮演着极为重要的角色。⑤ 司法实践中,Calder V. Bull 案对既定权进行了详细的阐述。⑥ 借鉴美国理论,北欧学者也对北欧的既定权展开了充分的

---

① See Ragnhildur Helgadottir, *The Influence of American Theories on Judicial Review in Nordic Constitutional Law*, Leiden: Martinus Nijhoff Publishers,2006,p. 26.

② See Ragnhildur Helgadottir, *The Influence of American Theories on Judicial Review in Nordic Constitutional Law*, Leiden: Martinus Nijhoff Publishers,2006,p. 27.

③ See Ragnhildur Helgadottir, *The Influence of American Theories on Judicial Review in Nordic Constitutional Law*, Leiden: Martinus Nijhoff Publishers,2006,p. 27.

④ See A. H. Kelly, *The American Constitution-Its Origins and Development*, New York:Norton,1983,p. 193.

⑤ Corwin, "The Basic Doctrine of American Constitutional Law," *Mich. L. Rev.*,vol. 12,no. 247(1914).

⑥ Calder V. Bull,3US(3Dall),386(1798).

讨论,并以此作为基本权利保障的司法审查的基础。总体而言,美国司法审查理论和实践对北欧司法审查制度之形成和实践的影响是直接且深远的。

(二)19世纪至20世纪初北欧司法审查的兴盛

前文已经提到,挪威是世界上第二个建立司法审查制度的国家,而且在实践过程中由于最高法院对维护国家主权和民族尊严,以及在保障挪威公民人权方面的重要贡献,司法审查在挪威社会中拥有很高的认可度,即便没有宪法的明文规定。[①] 在19世纪和20世纪初,挪威所强调的是对议会立法权力的限制及对个体权利的保障。与北欧其他几个国家形成鲜明的对比,在世界范围内,这段时期挪威的司法审查实践是除美国之外最为积极和活跃的。在1885年到1935年间,就财产和经济自由方面,挪威最高法院判决了很多法条违宪。[②] 托格森(U. Torgersen)教授在评价这段时间的挪威司法审查实践时,将其与美国洛克纳时代(Lochner era)的司法审查相媲美,认为"两个体系都体现了保守最高法院对社会经济改革的阻击"。[③] 这段时间,可以说是历史上挪威最高法院的司法审查非常活跃的时期,诚如后来历史学家塞普(J. A. Seip)所描述的"最高法院试图冲上云霄"。

这段时间丹麦的司法审查也有了突破性的发展。事实上,受到挪威的影响,丹麦在19世纪后期已经出现了司法审查案例(参见表3-5)。丹麦最高法院第一次明确承认司法审查权是在1920年后。[④] 在1912年至1923年间最高法院裁决的一系列案件中,丹麦最高法院实际上已经根据

---

① See Anine Kierulf, *Judicial Review in Norway-A Bicentennial Debate*, Cambridge:Cambridge University Press,2018,p. 77.

② See Ragnhildur Helgadottir, *The Influence of American Theories on Judicial Review in Nordic Constitutional Law*, Leiden:Martinus Nijhoff Publishers,2006,p. 11.

③ See Ragnhildur Helgadottir, *The Influence of American Theories on Judicial Review in Nordic Constitutional Law*, Leiden:Martinus Nijhoff Publishers,2006,p. 11.

④ See Ragnhildur Helgadottir, *The Influence of American Theories on Judicial Review in Nordic Constitutional Law*, Leiden:Martinus Nijhoff Publishers,2006,p. 11.

案情决定议会立法是否符合宪法。这些案件清楚地表明,丹麦最高法院认为自身有权审查立法法案,至少在理论和原则上主张有权推翻某项法案。不过,丹麦最高法院的这一系列行为并没有得到普遍的承认。主要阻力是当时的左翼政治力量并不接受法院有权以违宪为由推翻一项议会法案。为了避免出现宪法危机,丹麦最高法院一直谨慎处理对议会立法的司法审查。[①]

此外,上文已经提到,冰岛基本法的出台不是为了保障人民的基本权利,而是为了能从丹麦那里获取更多的自治权。因此,冰岛基本法对司法审查并不在意或上心。但这段时间,冰岛也存在一定的司法审查案例(参见表3-5)。虽然瑞典和芬兰并没有司法审查案例的出现,但是学术界对此进行了热烈的讨论,至少在理论上认为瑞典和芬兰如果进行法院的司法审查并无不可。关于北欧这段时间司法审查案例的不完全统计,参见表3-5。

表 3-5　19 世纪至 20 世纪初挪威、丹麦、冰岛司法审查案例举要

挪威	丹麦	冰岛
Blom V. Aars (SmH. 132(1822))	International Workers Union V. Denmark (UfR. 1874. 479H)	Eyjólfur jónsson V. Iceland (1 L&H 1877-249)
Morgenstjerne V. Petersen (SmH. 504(1833))	Olsen V. Denmark (UfR. 1887. 142H)	Eyjólfur jónsson V. Iceland (1 L&H249)
Zeier V. Stang (SmH. 626(1835))	Barfod V. Denmark (UfR. 1912. 545H)	Halldórsson V. Simonarson (2 L&H455)
Young V. Norway (Rt. 1841-274)	Sehested Juul V. Denmark (UfR. 1921. 148H)	Halldórsson V. Simonarson (2 L&H455)
Rolfsen V. Petersen (Rt. 1845-513)	De. Neergaard V. Pedersen (UfR. 1921. 644H)	Zoëga V. Reykjavík (6 L&H 176)
Dahl V. Norway (Rt. 1845-093)		Þórarinsson V. Iceland I (9 L&H 809)

---

① See Kari a Rogvi, *West-Nordic Constitutional Judicial Review-A Comparative Study of Scandinavian Judicial Review and Judicial Reasoning*, Copenhagen: DJOF Publishing, 2013, pp. 188-189.

续表

挪威	丹麦	冰岛
Wedel-Jarlsberg V. Norway (6UfL(1866-7)165)		Þórarinsson V. Iceland Ⅱ (10 L&H 601)
Hansson V. Norway (8 UfL(1868) 393)		Zoëga V. Iceland I (10 L&H 20)
Kristiania V. Jensen (Rt. 1880-278)		Zoëga V. Iceland Ⅱ (10 L&H 603)
Lind V. Heffermehl (Rt. 1882-229)		
Huun V. Nikolaysen (Rt. 1888-200)		
Jensen V. Norway (Rt. 1890-455)		
Bakke V. Norway (Rt. 1909-156)		
Thams V. Norway (Rt. 1909-417)		
Johasen V. Norway (Rt. 1918-401)		
Vauvert V. Norway (Rt. 1922-627)		

资料来源:《北欧西部宪法司法审查——斯堪的纳维亚司法审查与司法推理的一项比较研究》, See Kari a Rogvi, *West-Nordic Constitutional Judicial Review-A Comparative Study of Scandinavian Judicial Review and Judicial Reasoning*, Copenhagen:DJOF Publishing,2013,pp. 132-152,207-211,245-248。

　　表3-5中,挪威的司法审查案例可以一直追溯到1822年 Blom V. Aars 案。不过,当时挪威的法院简报在报道此案时并没有提及基本法(宪法),直到1855年,在一个由私人撰写的报告中才对此案有完整的说明。此案探讨了如何平衡个体权利与政府权力之间关系的问题,并且多数法官认为,基于《挪威宪法》第105条(财产权条款)和第97条(追溯效力条款)的普遍正义原则,法官"会基于公民权利来衡量普通立法条例的效力"。此案不仅意味着《挪威宪法》获得了法律效力,同时也表明普通立法条例要符合宪法的基本原则。1833年的 Morgenstjerne V. Petersen

案虽不是一个真正意义上的司法审查案例，但已经涉及以《挪威宪法》基本原则解释普通议会立法条例的情形。1835 年 Zeier V. Stang 案再次提及《挪威宪法》应被视为可司法适用的法律，而不仅仅是议会立法的指导原则，并认为《挪威宪法》的基本原则具有高级效力。[①]

Young V. Norway 案是挪威抗争之后的第一个案例。在此案中，最高法院对《挪威宪法》的许多概念采取了扩大解释并使它们应用在不同类型的案件中。此案预示着基本法的法律属性将会被不断扩大。1845 年 Rolfsen V. Petersen 案体现出在一部新的法律限制面包师烘焙权的背景下，《挪威宪法》第 97 条（追溯效力条款）对面包师烘焙权所起到的保护作用。此案标志着挪威法院由三方仲裁者开始转型为司法规则的决定者。Dahl V. Norway 案表明先例在司法判决中发挥了重要作用，法院开始重视以往案例对当下同类案例的指导作用。[②]

1866 年 Wedel-Jarlsberg V. Norway 案中，劳森（Lasson）法官对"《挪威宪法》是高级法，其效力高于其他法律"的观点进行了全面的论述，被认为是挪威的马歇尔大法官。此案也标志着挪威司法审查开始进入成熟阶段。[③]

1868 年 Hansson V. Norway 案中，挪威最高法院认为自己之前的案例应在司法辩护中得到充分的尊重，但是之前的案例并不是完全可以直接适用的，是需要经过辩论和区别的，最后，在此案中，挪威最高法院对违法条例更多地是要求进行修改、解释或忽视，而不是废除。1880 年 Kristiania V. Jensen 案展示了挪威司法审查的一些特色，如在审查技术上模

---

① See Kari a Rogvi, *West-Nordic Constitutional Judicial Review-A Comparative Study of Scandinavian Judicial Review and Judicial Reasoning*, Copenhagen：DJOF Publishing, 2013, pp. 132-135.

② See Kari a Rogvi, *West-Nordic Constitutional Judicial Review-A Comparative Study of Scandinavian Judicial Review and Judicial Reasoning*, Copenhagen：DJOF Publishing, 2013, pp. 135-137.

③ See Kari a Rogvi, *West-Nordic Constitutional Judicial Review-A Comparative Study of Scandinavian Judicial Review and Judicial Reasoning*, Copenhagen：DJOF Publishing, 2013, pp. 138-142.

仿美国,法源上包括了正义原则及寻找补充的非成文法、宪法的基本原则等,宪法学说开始在审判意见中扮演角色。1882年 Lind V. Heffermehl 案展示了当事人、律师与法官在规则制定过程中的作用。当事人会引用案例法,法官决定范围,律师则会提出更高的要求。1888年 Huun V. Nikolaysen 案中,议会的意见受到了挪威法院的考虑,这里包括立法历史和立法过程,学术理论被直接引用,先例依然被引用,但还是非常模糊。1890年 Jensen V. Norway 案涉及行政立法与商业优先权(vested rights of commerce)的关系。①

进入20世纪后,经济发展和社会运动变成一个主题。1909年 Bakke V. Norway 案涉及限制授权市政当局限制酒精销售法令的违宪问题。Thams V. Norway 案使得一项关于伐木人"合同权利追溯限制"的法令被搁置一边。1918年 Johasen V. Norway 案明显地改变了挪威财产权理论,乃至挪威司法审查的整个特征。在这个案例中,挪威最高法院改变了过去所认为的财产权具有不可辩驳的对世效力,并且发展出了财产权受到限制的理论。②

在19世纪至20世纪初,挪威最高法院根据美国经验发展出了一系列挪威司法审查的原则。不过上述案例既没有反对议会,也没有反对国王,也不是反对党提出的,更多的是一种司法发展。

丹麦的司法审查主要是从挪威那里"复制"来的。在19世纪,丹麦并没有如挪威那般发展司法审查,但已存在两个司法审查案例。1874年 International Workers Union V. Denmark 案虽然没有涉及立法是否合宪的问题,但是此案的判决依据的是当时的《丹麦宪法》第87条(自由结社条款)。在这个案例中,丹麦法院判决将《丹麦宪法》第87条作为一条

---

① See Kari a Rogvi, *West-Nordic Constitutional Judicial Review-A Comparative Study of Scandinavian Judicial Review and Judicial Reasoning*, Copenhagen: DJOF Publishing, 2013, pp. 143-151.

② See Kari a Rogvi, *West-Nordic Constitutional Judicial Review-A Comparative Study of Scandinavian Judicial Review and Judicial Reasoning*, Copenhagen: DJOF Publishing, 2013, pp. 151-154.

可直接适用的法律。1887 年 Olsen V. Denmark 案涉及某一附带性犯罪立法的合宪性问题。①

20 世纪初,丹麦主要发展工业及社会民主运动。这段时间丹麦司法审查的主要议题就是经济发展中所产生的税收、土地改革和征收补偿问题。如:1912 年 Barfod V. Denmark 案涉及撤销什一税,直接资助国家教会牧师;1921 年 Sehested Juul V. Denmark 案涉及封建土地与封建基金是否是贵族权利的问题。②

在 1944 年完全独立前,冰岛由于一直是丹麦的附属国,并不关心自治,所以在司法审查方面并没有太多建树。不过,这并不代表没有司法审查案例出现。在冰鸟,最早涉及司法审查的应数 1877 年 Eyjólfur jónsson V. Iceland 案,此案涉及冰岛的自治权以及与丹麦的关系;Halldórsson V. Simonarson 案涉及公民的基本权利;Pórarinsson V. Iceland I 案涉及宪法上的财产权问题。③

二、社会民主对司法审查制度的影响

上文介绍了在社会民主成为北欧的主导力量之前,北欧各国司法审查实践的情况。接下来阐述社会民主成为北欧各国主导力量之后对司法审查的影响。在制度存废方面,在北欧西部,挪威的司法审查制度是最早建立的,同时对丹麦和冰岛两国产生了重大的影响,可以说两国主要就是模仿了挪威。在制度构建方面,在北欧东部,瑞典处于主导的地位,即便

---

① See Kari a Rogvi, *West-Nordic Constitutional Judicial Review-A Comparative Study of Scandinavian Judicial Review and Judicial Reasoning*, Copenhagen: DJOF Publishing, 2013, pp. 207-208.

② See Kari a Rogvi, *West-Nordic Constitutional Judicial Review-A Comparative Study of Scandinavian Judicial Review and Judicial Reasoning*, Copenhagen: DJOF Publishing, 2013, pp. 207-211.

③ See Kari a Rogvi, *West-Nordic Constitutional Judicial Review-A Comparative Study of Scandinavian Judicial Review and Judicial Reasoning*, Copenhagen: DJOF Publishing, 2013, pp. 245-249.

是在司法审查制度方面,瑞典也是首先建立的。由此,下文主要以挪威和瑞典两个国家为例来探讨社会民主对司法审查制度的影响。

(一)挪威社会民主工党与司法审查制度的存废

1885年到1935年间,挪威"最高法院试图冲上云霄",这是否意味着那段时间挪威司法审查制度已"固若金汤"? 如果不是,又是什么因素导致挪威的司法审查制度受到质疑甚至面临被废除的危险?

在近现代经济史上,就在挪威司法审查盛行的19世纪,挪威仍然是一个农业国家,90%的人口以自给自足的渔业和农业为生,同时基础设施和交通发展也都非常落后。在20世纪初,水力发电和大规模的技术进步对挪威的经济发展和工业化起到了至关重要的作用。挪威是欧洲水力发电潜力最大的国家。从1890年到1900年,挪威第一批11座水力发电站建成。挪威利用廉价、大量生产的能源发展工业,包括电化学和金属电解等新兴工业。自此,挪威经济开始起飞。[①]

在近现代政治史上,挪威最为重要的一件大事就是工党的成立。1887年,挪威社会民主主义工党成立,1894年开始参加挪威议会选举,得票率为0.3%,到1936年增长到42.5%。其中,工党在1918年获得31.6%的选票,成为挪威主要的在野党。[②] 自1936年至今,工党在大部分时期都是挪威的执政党,长期主导挪威政治。工党在执政期间,不断缩小贫富差距,建立社会保障和公共健康保障体系,令挪威逐渐发展成一个福利国家。事实上,挪威能够发展成一个福利国家,也主要得益于工党的长期执政。

那么,挪威的工业化进程及工党成立对挪威司法审查制度产生了什么样的影响呢? 对此,可以从以下两个典型案例中窥见一斑。

---

① See "On the Industrial History of Norway", https://www.erih.net/how-it-started/industrial-history-of-european-countries/norway, accessed April 12, 2024.

② See https://zh.wikipedia.org/wiki/%E5%B7%A5%E5%85%9A_(%E6%8C%AA%E5%A8%81),accessed April 12,2014.

案例一:1904 年"酒精案"

"酒精案"的背景如下:由于包括挪威在内的北欧各国地处北极圈附近,北欧人民为了御寒,一直有在漫长冬季饮酒的习惯。自工业化和城市化后,酒精滥用已经成为挪威的一个重大社会问题。为了改变人们过度饮酒的习惯,挪威在 19 世纪后期就出台了《酒精法》。工党成立后,认为酒精滥用对工人阶级产生了重大的消极影响,工人阶级如果不能从酒精滥用中解放自己,就不可能从资本主义社会中解放自己。[①] 为了进一步控制酒精滥用行为,挪威在工党和自由党的支持下提出了宪法修正案,主要内容是提出"限制国家必须补偿酒精贸易组织或公民"这一条款,以规范在此之前这些组织或公民有权出售酒类饮品的旧条款。销售商认为这一修正条款违宪(宪法第 97 条)。[②] 最后,挪威最高法院并没有支持销售商的诉求,判决这一条款合宪。

值得注意的是,关于此案,1917 年乔恩·凯斯教授虽然对最高法院的判决予以充分的肯定,但他阐述道:

> 一方面,我们必须承认,在第一次世界大战期间和之后,立法并不总是以区别于我们早期立法的同样的谨慎对待个人利益。另一方面,法院对审查范围的考量发生了重大变化。长远来看,法院不会反对立法。然而,在发展的时代,立法与已建立的学说的冲突将会很容易被发现,但不确定这些法规是否真的与大众观点转变相符。而法院拥有审查权的特权可能会带来幸

---

① Furre, Norsk historie 1905 - 1990(1992), p. 49. Quoted in Anine Kierulf, *Judicial Review in Norway-A Bicentennial Debate*, Cambridge:Cambridge University Press,2018,p. 86.

② See Anine Kierulf, *Judicial Review in Norway-A Bicentennial Debate*, Cambridge:Cambridge University Press,2018,p. 86.

运的影响,即合宪性问题得到了更彻底的讨论。①

借由"酒精案",乔恩·凯斯(Jon Skeie)教授质疑了挪威的司法审查制度。他的理由包括:一是反多数主义难题;二是这一法条的社会需要;三是法院的审查破坏了法院的正当性。②

"酒精案"说明,在现代福利国家建设的背景下,司法审查开始成为一种负面制度,而不是像19世纪那样以正面形象出现。由这个案例也可看出,挪威的司法审查必将经历一番腥风血雨,而这个案例只是一个序幕,真正的好戏很快在几年后到来。

案例二:1918年"瀑布案"

"瀑布案"的背景如下:1909年挪威《许可法》中一些条款通过许可限制的方式来保障国有资源,通过发展水力发电事业确保新兴工业化的持续发展。然而在世纪之交,几乎所有受管制的瀑布都归外国资本所有。与此同时,在司法领域,财产权、采矿权和瀑布权在20世纪最初几十年里一直采取一种古典自由主义式的保护。1909年《许可法》规定了瀑布的归还权只能通过国家的特许获得(交易),特许期可以持续数十年。在特许权终止后,瀑布和附属电力设施被"撤销",成为国家财产,没有任何补偿。这项规定的主要制定者是来自自由左翼政党的总理冈纳·克努森和来自激进自由工党的约翰·卡斯伯格。

1918年,挪威最高法院被要求就上述条款是否违反《挪威宪法》第105条进行裁决。最高法院以4∶3认为条款合宪。最高法院的判决表明了对最高政治机关即议会的充分尊重,甚至可以说在明显违宪的情况下,法院没有勇气去对抗政治。这个案例更为重要的影响是,在这次司法

---

① See Anine Kierulf, *Judicial Review in Norway-A Bicentennial Debate*, Cambridge:Cambridge University Press,2018,p.78.

② See Anine Kierulf, *Judicial Review in Norway-A Bicentennial Debate*, Cambridge:Cambridge University Press,2018,p.87.

审查中,政府提出法院无权根据宪法审查立法。在这一主张的推动下,在对宪法第 105 条的评估中,法院明确讨论了司法审查制度及其审查范围。此案也促使挪威各界开始讨论司法审查制度的存废问题。

鉴于司法审查在挪威已经是一个重要的法治惯例,因此若想废除此制度需要宪法修改,即增加某一宪法条款来限制或废除司法审查。由此,后果是左翼党和工党提出对宪法第 81 条进行修正。[①]

首先是法官的意见。在法官群体中,虽然很多法官和法律专家都一致认为司法审查是挪威法律的重要组成部分和重要的习惯法,基本是支持司法审查的,但政治意见偏左的法官提出了不同的看法。譬如:首席大法官梯恩(Thinn)就认为宪法更多地被视为政治宣言和纲领,法院不应该有审查的权力。[②] 同时,贝克大法官也表达了在议会体制下司法应有的节制原则。他认为,在议会体制下,议会是公共意志最主要的表达机构,法院对立法的审查必须被严格限制,只有在明显违宪的情形下方可实施。[③]

其次是学者的观点。1920 年挪威政府提出了一个废除法案,挪威司法部交给了两个著名的学者进行评估。挪威著名右翼保守派宪法学者毛尔根斯蒂恩(B. Morgenstierne)教授认为司法审查在挪威具有无可置疑的正当性。但是自由左派学者李(Lie)教授通过对 28 个国家特别是对美国的司法制度进行比较分析后得出,司法审查与社会政策立法存在重大的冲突,建议应该废除《挪威宪法》第 97 条。[④]

最后是议员的行动。除了上述法官和学者的意见外,由"瀑布案"所引发的政治领域对司法审查制度存废的讨论是持久和深远的,体现了司

---

① See Anine Kierulf, *Judicial Review in Norway-A Bicentennial Debate*, Cambridge:Cambridge University Press,2018, p. 91.

② See Anine Kierulf, *Judicial Review in Norway-A Bicentennial Debate*, Cambridge:Cambridge University Press,2018, p. 92.

③ See Anine Kierulf, *Judicial Review in Norway-A Bicentennial Debate*, Cambridge:Cambridge University Press,2018, p. 92.

④ See Anine Kierulf, *Judicial Review in Norway-A Bicentennial Debate*, Cambridge:Cambridge University Press,2018, pp. 89-94.

法审查在意识形态领域的分歧。特别是关于国家与公民之间关系的讨论,反映了时代变迁后社会对司法审查态度的转变。

事实上,在"瀑布案"之前,左翼执政党为了能让自己的社会法案不至于被最高法院推翻(搁置一旁),也提出了挪威版的"填塞法院"计划。1913 年,左翼执政党提名了三个自由派法官,分别为帕尔·贝格(Paal Berg)、亨瑞克·福瑞斯克(Henrik Frisak)及哈尔瑞德·黑格(Halvard Heggen),加上首席大法官梯恩(Thinn),使得挪威最高法院在对"瀑布案"的司法审查过程中没有勇气对最高政治机关即挪威议会提出反对意见。

1923 年,左翼政党的两个议会代表提出了废除司法审查的动议。他们的理由有三个:一是挪威政制是议会主权体制,议会是人民最高意志的体现,因司法审查而搁置议会立法显然是不合时宜的;二是反多数主义难题;三是最高法院已经被证明不适合经济文化发展领域。[①] 不过,最终挪威议会宪法事务常设委员会以 6∶2 否决了这个修宪动议。之后,议会大会表决又以 106∶33 否决了此动议。大多数议员认为当时的司法审查的权限确实比刚设立时扩大了很多,但是司法审查是挪威法律的重要组成部分。因此,他们都反对废除司法审查的修宪,不过希望能有更好的改革方案。

虽然上述动议被否决,但是左翼政党并没有放弃努力,在 1932 年、1934 年又提出废除动议案。对此,历史学家塞普(J. A. Seip)将其描述为"行动的双行道"。其中自由主义左翼政党主要针对的是司法审查,而工党除了对司法审查制度提出异议外,对宪法本身条款也提出了意见。从议会提案的文献记录看,在 1923 年、1932 年、1934 年关于废除司法审查制度的动议均由工党提出。赛普将其描述为"左派想在法官的头上戴上紧箍"。[②] 其中,1932 年废除动议以 74∶28 的票数对比被否决,1934 年

---

① See Anine Kierulf, *Judicial Review in Norway-A Bicentennial Debate*, Cambridge:Cambridge University Press,2018, p. 96.

② See Anine Kierulf, *Judicial Review in Norway-A Bicentennial Debate*, Cambridge:Cambridge University Press,2018, p. 102.

废除动议以 74∶67 被否决。在 1934 年之后,左翼政党才不再提出废除司法审查的议案。[1]

挪威的工业化发展推动了经济立法和社会保障立法等的出现。最终导致经济发展与私有财产保障的张力、个体利益与公共利益的冲突的出现。挪威司法审查虽然在 19 世纪得到了社会各界的广泛认同,但是在社会民主运动和现代福利国家建设过程中遇到了重大危机。20 世纪初,挪威的司法审查制度虽然没有被废除,但在那段时间里,左翼政党特别是社会民主主义工党想废除司法审查的决心是持之以恒的,不断提出废除法案。

(二)瑞典社会民主党对司法审查制度构建的态度

瑞典现代政治史上最重要的事件应是 19 世纪后半叶的社会民主运动。瑞典社会民主运动源自德国社会民主运动。瑞典社会民主党在 1889 年成立后的最初一段时间里,将首要任务确定为争取普选权和进行改善经济条件的斗争。1914 年社会民主党成为瑞典议会第一大党。1917 年社会民主党与自由党合作组成联合政府。1917 年由瑞典国王任命的自由党和社会民主党联合政府上台执政,标志着瑞典进入新时代。[2]

1880—1920 年,经过社会各界的共同努力,现代瑞典形成了。在此期间,瑞典引入了许多针对市场经济的法律规范。在过去以农业为主导的时期,大多数瑞典人生活在农村地区,病者和老人的照顾都由家庭来完成。随着工人作为特殊群体的兴起,应对不断变化的社会结构的解决方案应运而生,首先是针对病假期间的福利形成合作解决方案,并出现失业保险。在 20 世纪 10 年代,瑞典还引入了国家养老金制度。由此,瑞典的

---

[1] See Anine Kierulf, *Judicial Review in Norway-A Bicentennial Debate*, Cambridge:Cambridge University Press,2018, p103.

[2] 参见任军锋:《超越左与右? 北欧五国政党政治比较研究》,上海三联书店 2012 年版,第 47—49 页。

社会福利制度开始出现。社会民主党的政策也逐渐获得大多数瑞典人的认同。① 从 1932 年开始,社会民主党人统治了瑞典长达 40 年。在此期间,瑞典建立了福利国家,国家为每个公民提供福利。多年来,这种瑞典福利模式都非常成功,直到 20 世纪 70 年代后世界经济危机和新自由主义对其福利模式造成冲击。关于 20 世纪 10—70 年代瑞典社会民主党的选举和执政情况,参见表 3-6。

表 3-6　20 世纪 10—70 年代瑞典社会民主党的选举和执政情况

选举时间	得票比例	执政政府	选举时间	得票比例	执政政府
1917 年	31.1%	联合政府	1952 年	46.1%	联合政府
1920 年	29.6%	反对党	1956 年	44.6%	联合政府
1921 年	36.2%	少数政府	1958 年	46.2%	少数政府
1924 年	41.1%	少数政府	1960 年	47.8%	少数政府
1928 年	37.0%	反对党	1964 年	47.3%	少数政府
1932 年	41.7%	少数政府	1968 年	50.1%	多数政府
1936 年	45.9%	少数政府	1970 年	45.3%	少数政府
1940 年	53.8%	多数政府	1973 年	43.6%	少数政府
1944 年	46.6%	少数政府	1976 年	42.7%	反对党
1948 年	46.1%	少数政府	1979 年	43.2%	反对党

资料来源:https://en. wikipedia. org/wiki/Swedish_Social_Democratic_Party。

　　在司法审查制度方面,瑞典并没有像挪威那样通过司法实践和宪法学说发展出该项制度。不过,瑞典各界在 19 世纪末和 20 世纪初对司法审查制度的理论探讨是非常具有热度的,并一直认为在瑞典实践司法审查是完全没有问题的。那么,在真正的司法审查制度构建上,瑞典遇到了哪些情况呢? 随着瑞典社会民主党的上台执政,瑞典的司法审查制度构

---

　　① See Lundell, Bengt, *The Learning State-Mechanisms and Procedures for Public Participation in the Legislative Process in Sweden*, Paper presented at the International Workshop on Public Participation in the Law-making process 15 – 16 December 2008, Beijing, China.

建长期被搁置。下文将分第一次世界大战后、第二次世界大战后、20世纪70年代后三个阶段,讨论瑞典社会民主党议会活动(包括作为反对党和执政党的角色)对司法审查制度构建的影响。

20世纪初,瑞典普通男性公民获得了选举权。1914年社会民主党还成为议会第一大党。1917年社会民主党与自由党合作组成联合政府。随着1918年"一战"的结束,瑞典议会政治和民主政治迈向了更加开放的时代,或者说是民主时代。在上述背景下,瑞典资产阶级政党为了抑制民主,推出了司法审查方案。换言之,这个方案是一个"反民主"的方案。瑞典资产阶级政党希望借此控制住社会民主的发展势头。对此,作为民主胜利者的社会民主党自然是坚决反对的。他们不仅反对法院拥有司法审查权的法案,甚至对议会的事前审查机制也抱着敌视的态度,不断强调法律委员会的审查只能是法律程序审查。①

从"二战"后一直到20世纪60年代,瑞典社会民主党执政超过四次,一直以来坚定地捍卫多数主义和大众的民主主权观,敌视对当选议员的内在制约。基于对左翼意识形态的理解,社会民主党人认为:普遍和平等的投票权才是唯一真正的权利,其他所有的权利只有也必须通过民主机制才能实现;强调个人权利高于多数民主不仅是没有必要的,同时也是对民主的一种阻碍。②譬如,社会民主党的发言人讲道:

> 只有基本权利成为政治生活的重要组成部分,并得到政治界的支持,一个文明的民主国家才能生存和进步。司法审查倾向于使公民权利保护和民主法治化这一共同责任弱化。瑞典政治的司法化或者说法院介入政治,是在暗示人民代表是威胁这些权利和自由的推定破坏者。再加上在宪法中列入某些权利和"基本目标",司法审查可能成为积极司法的武器。

① See Barry Holmström,"The Judicialization of Politics in Sweden,"*International Political Science Review*, vol. 15, no. 2(1994).

② See Joakim Nergelius, ed., *Constitutionalism: New Challenges: European Law from a Nordic Perspective*, Leiden:Brill Nijhoff Publishers,2007,pp. 135-153.

社会民主党人反对这种"三权分立模式",主张英国式的代议制和议会民主。[①]

此外,"二战"后瑞典开始进入全面福利国家建设时期,福利制度需要的是大量的行政立法和社会立法,这都与司法审查格格不入。因此,很长时间内瑞典的司法审查制度都没有进入政治议题。只要社会民主党控制了议会,他们就阻止了一切试图向《瑞典政府组织法》中增加司法审查相关条款的尝试。社会民主党坚持认为,没有瑞典法院会拒绝适用普通立法;一旦有司法审查,法院就会非常积极地介入政治,进而不利于福利国家的建设。

不过,到了20世纪70年代后,情况发生了重大改变,主要是社会民主党的式微和欧洲人权法院的兴起。瑞典右翼政党开始在国家政治生活中发挥越来越重要的作用。资产阶级政治家倾向于培养个人主义的、以权利为基础的民主观念。他们对社会民主党对议会多数原则的强调很冷淡,并主张加强或恢复法院的作用。因此,他们更倾向于建议对议会立法和行政决定进行司法审查。[②] 随着社会民主党式微和资产阶级右派上台执政,情况发生了急转。出于党派妥协,社会民主党在20世纪70年代承认法院有权进行司法审查,但是他们坚持法院只能宣布某项法案不适用,而不是宣布其违宪。瑞典司法审查制度是左右政治妥协的产物,这在1974年新宪法修订中得到了体现。这便是《瑞典政府组织法》第11章第14款的政治背景。

由上述分析可知,瑞典社会民主党的上台执政对瑞典司法审查制度的构建产生了重大且直接的消极影响。在瑞典社会民主党看来,司法审查制度是资产阶级用来制衡工人阶级获得和行使民主权利的工具;司法审查既不符合人民的利益,也有碍于福利国家的建设。因此,瑞典社会民主党是坚决反对司法审查制度的。

---

① 　See Barry Holmström,"The Judicialization of Politics in Sweden,"*International Political Science Review*,vol.15,no.2(1994).

② 　See Barry Holmström,"The Judicialization of Politics in Sweden,"*International Political Science Review*,vol.15,no.2(1994).

三、社会民主对司法审查强度的限制

瑞典社会民主党在与右翼政党的政治妥协中接受了司法审查,这种妥协还集中体现在关于司法审查具体规则的限制上。实际上,宪法授权既说明了一项制度的构建,也同时说明了限制,这主要体现在对司法审查强度的限制上。芬兰在 2000 年宪法中也增加了司法审查,鉴于芬兰与瑞典制度相似,在这里一并讨论。为了让法院的司法审查获得更多的正当性,瑞典和芬兰采取的是宪法规范授权的方式,即施行《瑞典政府组织法》第 11 章第 14 款和《芬兰宪法》第 106 条。那么,这两个条文规定与一般的司法审查规则有哪些不同呢?下文将从法院司法审查的后果及司法审查所应遵循的准则两个方面加以说明。

(一)法院司法审查的三种后果

就法院司法审查的后果,目前常见的模式主要有三种:一是"宣布违宪"模式,以美国和德国为典型代表。美国法院在司法个案审理中有权审查立法是否违宪,并在确认违宪后宣布该立法或某一条款无效。美国法院宣布某项立法违宪,虽然看上去只是个案效力,但是由于遵循先例原则,以及最高法院约束着其他所有法院,因此具有普遍效力。[①] 德国宪法法院在宪法诉讼案件中亦有同等权力。宪法法院的撤销决定不仅使违宪的立法或特定条款在具体个案中无效,而且使得它对所有将来的案件普遍无效。"宣布违宪"模式的制度背景是权力分立和制衡体制。

二是法院议会互动模式。该模式又被称为弱司法审查模式,以英联邦国家为代表。法院在审查过程中若发现立法违宪,首先采取一定的方式——如加拿大的"但书条款"、新西兰的"解释一致"、英国的"宣告不一致",然后将涉及违宪的立法或具体条款移送至议会,由议会就此做出相

---

① 参见[奥]凯尔森:《立法的司法审查——奥地利和美国宪法的比较研究》,张千帆译,《南京大学法律评论》2001 年第 1 期。

关回应。法院、议会在互动过程中处理争论,同时法院为议会保留"说最后一句话"的权力。[①] 该模式的制度背景为议会主权体制,同时要求不存在成文宪法。

从瑞典的"该法不应适用"及芬兰的"法院应优先适用宪法"可以看出,两国所走的是另一条道路,即"不予适用"模式。所谓"不予适用"是指法院在司法个案审理中若发现立法或某一具体条款与宪法抵触,则根据法律位阶理论和上位法优于下位法原则,在个案中拒绝适用该立法或具体条款,但不对其进行撤销或改变,并在无其他条款可适用的情形下适用宪法条款。"不予适用"模式遵循的是普通的司法审查原则而非分权原则,即以普通的司法裁判原则消解立宪主义难题。当两个法律存在冲突时,法院必须决定适用其中哪一个,因此将宪法视为可供法院自由选择的法律渊源是关键。由此,"不予适用"模式也可以称为宪法的司法适用。

(二)瑞芬两国司法审查的准则

如果仔细分析《瑞典政府组织法》第 11 章第 14 款和《芬兰宪法》第 106 条,就其司法审查的程序和强度而言,可以得出如下几条准则:

第一,坚持合宪性推定原则。《瑞典政府组织法》第 11 章第 14 款指出,根据第一款审查法律的情况,应特别注意以下事实,即议会是人民最主要的代表机关,同时基本法优先于其他法律。这首先意味着瑞典法院在进行解释之前,必须先推定被解释的立法是"合宪的",以表示对议会的尊重,即法院要遵从合宪性推定原则。此项规定在瑞芬两国司法审查条款中都是非常明确的,同时芬兰宪法委员会就芬兰司法审查的限度做了明确的阐述。瑞芬两国法院司法审查都表现出对议会主权和民主的最高尊重。[②]

---

① 参见朱学磊:《弱司法审查体制必要性之证成》,《环球法律评论》2020 年第 1 期。

② See Jaakko Husa, "Nordic Constitutionalism and European Human Rights-ixing Oil and Water," *Scandinavian Studies in Law*, vol. 55, no. 101(2010).

第二,立法与宪法的冲突必须明显。《芬兰宪法》第106条规定,如在法院审理的案件中,适用某一法律明显与宪法冲突,法院应优先适用宪法规定。"明显的"假设立法与宪法之间的冲突在现实中是很少的,由此法院必须采取一种司法谦抑的态度,不能频繁和轻率地适用宪法,以维护议会的权威地位。由此,法院在审查一项立法或某一具体条款是否违宪时,还要通过合宪性解释来尽最大可能推定立法合宪,只有在已经没有其他法律条款和解释方法来解决立法和宪法之间冲突的情况下,才可以适用宪法条款。①

第三,不宣布立法因违宪而无效。从瑞典的"该法不应适用"及芬兰的"法院应优先适用宪法"的规定可以推断,两国法院不能在个案判决中明确宣称某一法律或条款与宪法相抵触,而只能通过优先适用宪法这样"委婉"的方式来宣布违宪。

第四,法院决定只有个案效力。这是指法官只在个案中审查某一法律或具体条款是否与宪法相抵触。上文已提到,美国的"宣布违宪"模式看上去只有个案效力,但是由于遵循先例原则,因而具有普遍的效力。德国《基本法》直接赋予了宪法法院宣布立法无效的权力,因而可以使立法全然无效。但在瑞典和芬兰,具体审查的后果并不会导致立法或具体条款法律效力的失效,而只是为法院在具体个案中拒绝适用该立法或具体条款提供了法理和规范依据。同时,由于北欧法律传统和体系中并没有遵循先例原则,最高法院判决对下级法院也没有普通的约束力,因此瑞典和芬兰最高法院的决定只有个案效力。

瑞典和芬兰两国虽然最终也确立了司法审查制度,但是由于是在社会民主主导时期确立的,特别是在瑞典,因此司法审查强度受到了极大的限制。

---

① See Tuomas Ojanen,"From Constitutional Periphery Toward The Center-ransformations of Judicial Review in Finland,"*Nordic Journal of Human Rights*,vol. 27,no. 2(2009).

四、社会民主与司法审查实践的沉寂

上文我们已经讨论了社会民主对司法审查制度构建、存废的影响，以及对司法审查强度的限制。那么，在这一部分将要讨论的是，社会民主会对司法审查的实践产生什么样的影响。由此，接下来将考察北欧这几个国家的司法审查案例情况，以北欧社会民主主导时期的司法审查实践来说明社会民主是如何抑制司法审查的。

（一）挪威司法审查的优先权理论

上文已述，挪威的司法审查受到了美国模式的直接影响。在很长一段时间内，挪威宪法学者通过对美国宪法及其理论学说的介绍与著述，深刻影响着挪威法院司法审查的发展。除此而外，美国的司法审查实践对挪威也产生了直接和重大的影响。正如美国在洛克纳时代那样，法院反对社会经济改革，挪威的司法审查也扮演了同样的角色。[①] 鉴于美国新政及最高法院对新政态度的转变，挪威也发生了巨大的转变，挪威的司法审查开始进入沉寂期。在整个社会民主主导时期，挪威最高法院给予了经济立法极大的尊重和宽松解释。以美国为蓝本，挪威也发展出了优先权学说（perferred rights）。关于美国优先权学说理论最新发展的论文在挪威大量发表[②]，其中最具代表性的观点应数弗雷德·卡斯伯格（Frede Castberg）教授的观点。他在1938年的一篇文章中指出：

> 这些禁止没有正当程序就剥夺财产权的条款已经被宽泛地解释了。一次又一次，那些被最高法院视为会削弱公民财产和经济自由而归于无效的条款，在更大程度上比法院所认为的理

---

① See Ragnhildur Helgadottir, *The Influence of American Theories on Judicial Review in Nordic Constitutional Law*, Leiden：Martinus Nijhoff Publishers，2006，p. 11.

② See Ragnhildur Helgadottir, *The Influence of American Theories on Judicial Review in Nordic Constitutional Law*, Leiden：Martinus Nijhoff Publishers，2006，p. 107.

由和正义更具合理性。很显然,法院这种做法受到了古典自由主义的强烈影响,为了资本主义。事实上,美国法院通过他们的宪法解释,表达了强烈的对经济利益的保护。宪法重复和成功地反对立法权,如今似乎是非常明显的。①

在 1974 年,后来担任挪威最高法院院长的卡斯滕·史密斯(Carsten Smith)教授就建议挪威司法审查采纳美国的优先权学说:

> 在这个国家,同样是,我们应当承认在民主价值等级中,个人自由高于经济权利,因此,相对于后者,法院对前者的审查强度应该更大。②

关于经济权,卡斯滕·史密斯教授还讲道:

> 非常幸运的是,我们的最高法院是如此谦抑——至少在经济领域——已经接受这样一个原则,即解释宪法主要是立法者的任务。政治领域的奋斗应是每一代人的事。如果不能通过议会的政治过程,则也不应因为法院对宪法的过时解释,而对社会进行解释。③

在 1976 年著名的克洛塔(Klofta)案判决中,挪威最高法院接受了这个观点,多数法官指出:

---

① See Ragnhildur Helgadottir, *The Influence of American Theories on Judicial Review in Nordic Constitutional Law*, Leiden:Martinus Nijhoff Publishers,2006,p. 113.

② Nik Brandal, Qivind Bratberg, Dag Einar Thorsen, *Welfare State and Constitutionalism-Nordic Perspectives*, Copenhagen:Nordic Council of Ministers, 2001,p. 150.

③ Nik Brandal, Qivind Bratberg, Dag Einar Thorsen, *Welfare State and Constitutionalism-Nordic Perspectives*, Copenhagen:Nordic Council of Ministers, 2001,p. 156.

关于保障个人自由和安全的条款,我们认为宪法的影响必须被考虑。另外,关于不同国家机关的运作和权限的条款,我们认为……法院必须最大程度地接受议会的观点。经济权保障条款处于两者之间。①

克洛塔(Klofta)案所涉及的是一个剥夺财产权的条款的标准是否违反了《挪威宪法》第 105 条的关于剥夺财产权的规定,而《挪威宪法》第105 条要求完全的补偿。挪威最高法院最后把该条款搁置一旁。多数意见认为,补偿应该只是在利用率上,而不是基于交易价值。在这个案例中,挪威最高法院承认了财产权并不享受所谓优先权。②

在 1996 年的博尔森(Borthen)案和图海姆(Thunheim)案中,克洛塔(Klofta)案所确立的原则得到了确认。在博尔森(Borthen)案中,挪威最高法院这样阐述:

当解释宪法时,不仅仅是要考虑与个体有关的安全与可预测性,更多需要考虑的是立法者能够有调整社会退休金的自由……社会退休金构成了经济的重要组成部分。社会退休金的开支占据了所有公共开支的三分之一。根据宪法第 75 条,议会控制着公共财政——收入与支出。议会对退休金权利的全面控制与宪法第 75 条相冲突,立法者对公共开支和税收有自主权。③

---

① Nik Brandal, Qivind Bratberg, Dag Einar Thorsen, *Welfare State and Constitutionalism-Nordic Perspectives*, Copenhagen: Nordic Council of Ministers, 2001, p. 150.

② Nik Brandal, Qivind Bratberg, Dag Einar Thorsen, *Welfare State and Constitutionalism-Nordic Perspectives*, Copenhagen: Nordic Council of Ministers, 2001, p. 156.

③ Nik Brandal, Qivind Bratberg, Dag Einar Thorsen, *Welfare State and Constitutionalism-Nordic Perspectives*, Copenhagen: Nordic Council of Ministers, 2001, p. 157.

（二）丹麦司法审查的发展

由于丹麦与挪威在司法审查制度上具有高度的相似性，因此丹麦法院在如何看待财产权上紧跟挪威，表达了同样的观点。1985年的奥德医院（Odder Hospital）案中，一个妇女手术后死了，她的丈夫要求医院赔偿，诉由是专家认为如果该医院也能像其他医院一样配备某种设备，那么他的妻子就不会死。丹麦最高法院拒绝了医院应承担义务的诉由，认为医院没有犯错，不需要负责。在此案中，其中一名法官表达了如下观点：

> 关于公共医疗资源的分配，主要是一个政治和经济问题，而非法律问题。这是总公共开支，是不同部门和机构之间资源分配的一部分……因此，在相当广泛的限度内——在这种情况下，医疗责任的限度——是政治机关制定的标准，在此法院并没有找到自身的任务，通过承认赔偿要求来纠正服务水平，这是政治决定的结果。[①]

在1987年"冻结医生案"中，法院认为这是立法者的事情，其中一名法官就讲道：

> 安排收入政策是政治权力斗争的主要事项，法院在审查这方面的内容时一定要谨慎小心，避免渗透到政治斗争中。[②]

[①] Nik Brandal, Qivind Bratberg, Dag Einar Thorsen, *Welfare State and Constitutionalism-Nordic Perspectives*, Copenhagen: Nordic Council of Ministers, 2001, p. 158.

[②] Nik Brandal, Qivind Bratberg, Dag Einar Thorsen, *Welfare State and Constitutionalism-Nordic Perspectives*, Copenhagen: Nordic Council of Ministers, 2001, pp. 157-158.

借助优先权学说,挪威和丹麦的司法审查逐渐强调宪法宽松解释,并给予立法机关足够的空间进行社会和经济方面的立法。

(三)社会民主党长期执政时期的司法审查案例统计

在挪威社会民主工党长达 30 年的执政时期,挪威最高法院的司法审查一直处于沉寂状态而少有案例出现[①],丹麦亦是如此。这与前文表 3-5 显示的情况形成了鲜明的对比。20 世纪挪威与丹麦的司法审查案例,参见表 3-7 和表 3-8 的统计。

表 3-7   20 世纪挪威司法审查案例

选举年	执政政府	司法审查案例
1933	反对党(1933—1935)	
	少数政府(1935)	
1936	多数政府	
1945	联合政府(1945)	
	多数政府	Klinge(Rt. 1946-198)案发生在战争期间,涉及一个外国人因在战争期间折磨挪威人而被判死刑的问题
1949	多数政府	
1953	多数政府	Whalers V. Norway (Rt. 1952-1089)案涉及价格法规
1957	多数政府	
1961	少数政府(1961—1963)	
	反对党(1963)	
	少数政府(1963)	
1965	反对党	
1969	反对党(1969—1971)	Haugen V. Norway (Rt. 1970-67)案涉及征收补偿问题
	少数政府(1971—1972)	
	反对党(1972)	

---

① See Ragnhildur Helgadottir, *The Influence of American Theories on Judicial Review in Nordic Constitutional Law*, Leiden:Martinus Nijhoff Publishers,2006,p. 178.

选举年	执政政府	司法审查案例
1973	少数政府	
1977	少数政府	Klofta（Rt. 1976-1）案被广泛认为是挪威的司法审查重新回到人们生活当中的标志

表 3-8　20 世纪丹麦司法审查案例

选举年	执政政府	司法审查案例
1929	联合政府	
1932	联合政府	
1935	联合政府	
1939	联合政府	NN Ⅰ V. Denmark（UfR. 1941. 1070-1H）案是关于丹麦议会审查一名共产党议员资格的案例。NN Ⅱ V. Denmark（UfR. 1941. 1070-2H）案是关于限制共产党议员结社自由的案例。NN Ⅲ V. Denmark（UfR. 1941. 1071H）案中，上述两个案例的原则再次被确认
1943	联合政府	
1945	联合政府	
1947	联合政府	
1950	反对党	
1953	少数政府	
1953	少数政府	
1957	联合政府	
1960	联合政府	
1964	少数政府	
1966	少数政府	
1968	反对党	
1971	少数政府	Arne Magnussens Legat V. Denmark（UfR. 1971. 0299H）案是关于"冰岛传奇故事手稿"的案例
1973	反对党	Tegen V. Prime Minister（UfR. 1973. 0694H）案中，丹麦最高法院认为丹麦公民没有法律权利挑战加入欧洲共同体的合宪性问题

选举年	执政政府	司法审查案例
1975	少数政府	
1977	联合政府	
1979	少数政府	

资料来源:《北欧西部宪法司法审查——斯堪的纳维亚司法审查与司法推理的一项比较研究》,See Kari a Rogvi,*West-Nordic Constitutional Judicial Review-A Comparative Study of Scandinavian Judicial Review and Judicial Reasoning*, Copenhagen:DJOF Publishing, 2013;https://en. wikipedia. org/wiki/ Labour_Party_(Norway);https://en. wikipedia. org/wiki/Social_Democrats_(Denmark)。

（四）反例:20世纪中叶冰岛司法审查的兴起

在北欧国家中,瑞典、芬兰、挪威和丹麦在20世纪经历了社会民主党的长期执政,这对北欧的政治文化和政治制度产生了深远的影响,其中一个重要影响,就是对司法审查的抑制(瑞典和芬兰在制度和审查规范方面,挪威和丹麦在司法审查实践方面)。那么,冰岛是什么样的情形呢?

冰岛与上述四国最大的不同是并没有经历社会民主党的长期执政,甚至冰岛的社会民主党一直都没有取得执政党的地位。本书第一章已经指出,很长时间内《冰岛宪法》更多强调的是冰岛的自治权而非个人权利。法院合宪性审查在冰岛也并不是一个重要议题,虽然理论上能够成立,但没有法院实践。冰岛法院合宪性审查在司法实践中真正出现在"二战"期间。为了在盟军占领期间能够有效保持冰岛的独立性,冰岛最高法院开始实际介入合宪性审查领域。事实上,在没有社会民主党执政的冰岛,自"二战"以来,司法审查案例的数量是相当可观的。这也从反面说明了社会民主对司法审查的抑制。20世纪40—90年代冰岛社会民主党的选举支持率与排名参见表3-9。

表3-9　20世纪40—90年代冰岛社会民主党选举支持率与排名

选年	支持率	排名	选年	支持率	排名
1942	15.4%	第4	1971	10.5%	第4
1946	17.8%	第4	1974	9.1%	第4

选年	支持率	排名	选年	支持率	排名
1949	16.5%	第4	1978	22.0%	第3
1953	15.6%	第4	1979	17.4%	第4
1956	18.3%	第3	1983	11.7%	第4
1959(6月)	12.5%	第4	1987	15.2%	第3
1959(10月)	15.2%	第4	1991	15.5%	第3
1963	14.2%	第4	1995	11.4%	第4
1967	15.7%	第4			

资料来源：https://en. wikipedia. org/wiki/Social_Democrats_(Iceland)。

"二战"期间,冰岛司法审查标志性的案例是 Hrafnkatla（Hrd. 1943.237）案。此案涉及宪法中的出版和言论自由,其诉源是"一项法令禁止未经事先许可而出版古代传奇,它们只有在符合法律规定的情况下才允许出版"。在此案中,冰岛最高法院认为此议会立法与宪法相冲突,即上述规则与《冰岛宪法》第67条冲突。这是可以说冰岛的司法审查第一案,或称为"马伯里时刻"。当然,冰岛最高法院也并没有在此案中宣布立法违宪,而是将其搁置一旁,不予适用。①

在"二战"期间和战后,冰岛司法审查主要聚焦于税收、财产权和经济议题。如 Reykjavík V. Knudsen（Hrd. 1943.154）案涉及的是取消免税的立法条款,Svarfaðardalshreppur V. Jónsson（Hrd. 1945.345）案涉及的是财产征收补偿的条款,Kampmann V. Strandgata（Hrd. 1951.268）案涉及的是冰岛经济重建对受重估影响的合同中的货币条款,Guðmundsson & Viðir V. Iceland（Hrd. 1958.753）案涉及的是财产税争议。②

---

① See Kari a Rogvi, *West-Nordic Constitutional Judicial Review-A Comparative Study of Scandinavian Judicial Review and Judicial Reasoning*, Copenhagen：DJOF Publishing, 2013, pp. 249-251.

② See Kari a Rogvi, *West-Nordic Constitutional Judicial Review-A Comparative Study of Scandinavian Judicial Review and Judicial Reasoning*, Copenhagen：DJOF Publishing, 2013, pp. 251-254.

在 20 世纪 80 年代后,冰岛也与其他北欧国家一样,《欧洲人权公约》对其国内人权的司法保障起到了很大的推动作用,人权案例不断出现。如 Kristinsson V. Iceland (Hrd. 1985. 1290)案涉及《欧洲人权公约》的正当程序和公平审判条款,Sverrison V. Iceland（Hrd. 1987. 0356)案涉及适当起诉原则,Egisson V. Iceland（Hrd. 1990. 2)案是关于不当定罪的争议,Gunnarsson V. Iceland（Hrd. 1992. 0174)案是关于不公平审理的争议。①

进入 21 世纪,冰岛的司法审查变得非常活跃。其中涉及自由结社和自由表达的案例有:Ólafsson V. Iceland（H. 1999-065）;Alþýðusamband V. Iceland（H. 2002-167）;Vigfússon V. Iceland（H. 2001-461）;Guðmundsson V. Iceland（H. 2002-499）;Sí V. Líu（H. 2003-046）;Sveinsdóttir V. Áshreppur（H. 2005-051）;M V. K（H. 2000-419）;Alþýðusamband Íslands V. Iceland（H. 2002-167）;Jónas Guðmundsson V. Iceland（H. 2002-499）。涉及正当程序与公平审判的案例有:Óskarsson V. Iceland（H. 2002-156）;H. I. Guðmundsson V. Iceland（H. 2002-338）;X V. Iceland（H. 2004-460）;Reykjavík V. Jónsdóttur（Hrd. 2005-248）。②

第五节　小结:社会民主、议会体制与司法审查关系之辩

本章分析了北欧社会民主何以能在 19 世纪后期和 20 世纪取得巨大的成功,并着重阐述了北欧社会民主如何与议会体制进行有益互动。就

---

① See Kari a Rogvi, *West-Nordic Constitutional Judicial Review-A Comparative Study of Scandinavian Judicial Review and Judicial Reasoning*, Copenhagen:DJOF Publishing,2013,pp. 255-257.

② See Kari a Rogvi, *West-Nordic Constitutional Judicial Review-A Comparative Study of Scandinavian Judicial Review and Judicial Reasoning*, Copenhagen:DJOF Publishing,2013,pp. 255-270.

北欧社会民主成功的原因而言,在外部因素方面,主要有产业工人的政治觉醒、社会主义运动深入人心、世界大战的残酷和战争催生的合作思想、经济大萧条和宏观经济政策的成功;在内部因素方面,早期优良的民主与法治传统、独特的地理环境和自然资源、同质化程度较高的单一民族、强调包容与共识的政治文化、路德宗的宗教信仰这五个因素可以很好地解释为什么社会民主是在北欧而非其他国家和地区取得如此之大的成就。

事实上,在制度平台方面,无限制的议会主权原则和社会民主的经济、社会目标具有高度的契合性。由此,北欧各国社会民主党自成立后不久就把争取普选权作为自己的首要目标,而争取普选运动和社会民主党的上台执政又推动了议会制在北欧实际政治中的发展与确立。对此,我们概括得出结论,社会民主与议会制有天然的亲缘性,它们共享人民主权原则。北欧社会民主以议会为平台,开创了社会主义事业的新道路,一方面,社会民主通过议会制使其大多数政策都得到了实现,另一方面,议会制的功能在社会民主下得到了有效发挥。此外,北欧社会民主与议会体制的发展还促进了议会比例代表制和共识民主的形成。

本章重点论证了社会民主对司法审查具有强大的抑制作用。社会民主运动到来之前,挪威最高法院的司法审查非常兴盛。1909 年到 1930 年间是挪威最高法院的司法审查最为活跃的时期。在 19 世纪后期和 20 世纪初,丹麦、冰岛也有一定数量的司法审查案例。随着社会民主的到来特别是社会民主成为北欧各国的主导力量之后,社会民主对北欧各国的司法审查构成了强大的抑制。社会民主作为一种左翼势力,基于福利制度的扩张和现代官僚机构的广泛自由裁量权,必定会倚赖议会体制并强调人民主权原则的重要性,同时基于历史原因、意识形态和政治需求,会对法院和司法审查表现出不信任。由北欧经验可知,不管从司法审查的制度构建、存废,还是司法审查的强度和实践情况来看,社会民主都对司法审查具有强大的抑制作用。就司法审查实践情况而言,北欧在经过社会民主的"洗礼"之后,司法审查几乎"绝迹"了。

第四章　欧洲一体化与北欧司法审查的复兴

在 20 世纪 70 年代后,不管是在经济、政治和文化层面,还是在国内和国际层面,北欧都已经发生了重大的转变。其中非常突出的一点就是欧洲一体化给北欧政治体制、司法制度带来了巨大影响。

第一节　欧洲区域一体化与北欧司法审查的复兴

自 20 世纪 70 年代后,新自由主义和全球贸易给北欧原先的政治与经济模式带来了巨大冲击,传统上的社会民主开始逐渐削弱,一种更具竞争、多元的政治市场开始形成。除此之外,另一个重要影响是欧洲的区域一体化进程。"二战"后,欧洲各国加入欧洲自由贸易联盟(EFTA),陆续批准《欧洲人权公约》并相继加入欧洲联盟(EU,简称"欧盟")。事实上,在以德国和法国为代表的欧陆国家不断推进欧洲一体化时,北欧国家早先表现得非常不积极。不过,在 20 世纪 90 年代后,欧洲区域一体化开始大步朝着和平、共融的方向不断前进。北欧国家也开始渐渐融入这个大趋势。

本书导论中已经说明,北欧五国由于历史、政治和文化等方面的不同,可以分为以丹麦、挪威和冰岛为一方的北欧西部国家,以及以瑞典和芬兰为一方的北欧东部国家。在欧洲一体化上,五国又发生了不同的分化,主要是丹麦、瑞典和芬兰加入了欧盟(丹麦于 1973 年加入,瑞典、芬兰于 1995 年加入),而冰岛和挪威则一直没有加入。不过,这两国是 EFTA 成员,1992 年 5 月 EFTA 与欧洲共同体(之后发展为欧盟)签订了《欧洲经济区协定》。

这一节所要分析的是,签署这些条约和加入这些组织对北欧国家的政治体制乃至社会民主会产生什么样的影响。对此,首先重点讲述北欧国家加入 EFTA、欧洲经济区(EEA)、EU 等组织以及签署《欧洲人权公约》等是如何直接推动了北欧司法审查的发展和完善;再次,分析这种变化又对北欧的社会民主产生了什么影响。

一、EFTA、EEA 对北欧司法审查的影响与改变

EFTA 是欧洲区域性经济和贸易联合组织。1960 年 1 月《建立欧洲自由贸易联盟公约》签署,1960 年 5 月 3 日联盟正式成立。成员国有冰岛、挪威、瑞士以及列支敦士登,前成员国有英国、奥地利、葡萄牙、丹麦、瑞典以及芬兰。EEA 是 EFTA 与欧共体国家之间的经济与贸易一体化形式,旨在让 EFTA 的成员国无须加入欧盟也能参与欧洲的单一市场。1992 年 5 月通过的《欧洲经济区协定》是一项国际协议,可将欧盟的单一市场扩展到非欧盟成员国,于 1994 年 1 月 1 日生效。由此,EEA 将欧盟成员国和两个 EFTA 成员国冰岛和挪威(瑞士与列支敦士登不参加 EEA)连接到受相同基本规则约束的内部市场中。这些规则旨在使劳动力、商品、服务和资本在欧洲单一市场内自由流动。那么,EFTA 与 EEA 对北欧的司法制度乃至个体权利产生了什么样的影响呢?对此,可从《建立欧洲自由贸易联盟公约》和《欧洲经济区协定》的地位属性、法院义务、判例发展三个方面加以分析和阐述。

首先是地位属性。从性质上看,不管是《建立欧洲自由贸易联盟公约》还是《欧洲经济区协定》,我们都只能说它们是国际条约。根据国际条约的一般原则,签署国并没有义务将条约直接适用于国内法律体系。此外,根据国际公法的基本原则,国际协议并不能直接适用于公民个体。虽然《建立欧洲自由贸易联盟公约》和《欧洲经济区协定》也是国际公法条约,但情况有所不同。

第一,《欧洲经济区协定》第 7 条规定,本协定附件或欧洲经济区联合

委员会的决定中所提及或包含的行为对缔约各方具有约束力,并应成为或构成其内部法律秩序的一部分。①

第二,《欧洲经济区协定》第 35 条规定,鉴于本协定旨在根据共同规则建立统一的欧洲经济区,因而无须任何缔约方将立法权移交给欧洲经济区的任何机构。② 由此,这必须通过国家程序来实现。对于已实施的EEA 规则与其他法律规定之间可能存在冲突的情况,EFTA 成员国承诺在必要时引入一项国内立法规定,以使 EEA 规则在这些情况下具有优先适用的效力。

第三,"二战"以后,个体权利在国际条约中已经是一个非常常见的事,《欧洲经济区协定》也不例外。这从《欧洲经济区协定》宣言第八段可以直接看出:在欧洲经济区内个体将会扮演非常重要的角色。欧洲共同体法就是基于这些共同体规则,个体可以在本国法院里直接起诉。在这点上,《欧洲经济区协定》也是一样的。③

由此,我们认为《建立欧洲自由贸易联盟公约》与《欧洲经济区协定》具有"一致和优先原则"。实际上,这意味着虽然《建立欧洲自由贸易联盟公约》和《欧洲经济区协定》是国际条约,不能对国内法产生直接效力,但是它们介于一般国际法和欧盟法之间,且需要以类似欧盟法的标准加以遵守。

其次是法院义务。关于签署国法院的义务,《欧洲经济区协定》第 6条规定:在不损害判例法未来发展的前提下,本协定条款在实质上与《建立欧洲经济共同体条约》和《建立欧洲煤钢共同体条约》的相应规则一致,以及在执行和适用这两项条约时,应按照欧洲法院的有关裁决进

---

① *Agreement on the European Economic Area* , August 1, 2016, http://www. efta. int/sites/default/files/documents/legal-texts/eea/the-eea-agreement/Main%20Te-xt%20of%20the%20Agreement/EEAagreement. pdf, accessed April 12, 2024.

② https://www.efta. int/about-efta/legal-documents/adopted-joint-committee-decisions/105046, accessed April 12 , 2024.

③ *Agreement on the European Economic Area* , August 1, 2016, http://www. efta. int/sites/default/files/documents/legal-texts/eea/the-eea-agreement/Main%20Te-xt%20of%20the%20Agreement/EEAagreement. pdf, accessed April 12, 2024.

行解释。① 《欧洲经济区协定》序言第 15 部分也指出,在充分尊重法院独立性的前提下,缔约方的目标是达成和维护、统一解释和适用本协定以及欧洲共同体立法的规定,在本协定中进行了实质性复制,以期考虑四项自由和竞争条件。②

《欧洲经济区协定》的目标是以平等的竞争地位和相同的规则持续推动和平衡各签署国间的贸易和经济联系。这一同质化的目标不仅是指建立共同的规则,更为重要的是保持欧洲经济区内立法和司法的共同发展,其中关键在于建立统一的司法解释机制。③ 《欧洲经济区协定》实际上规定了国内法院的责任,要求签署国的国内法院必须遵循协定内容,以尽最大努力统一解释和适用本协定。

最后是判例发展。在 Sveinbjornsdottir 案中,法院认为,专门的国际条约,其本身包含的独特法律秩序不如《建立欧洲经济共同体条约》所规定的那么深远,但《欧洲经济区协定》的范围和目标超出了国际公法中协议通常的范围。④ 由此,从司法判例看,《欧洲经济区协定》已不仅仅是一个单纯的国际条约,法院更多地将其视为国内法。

从上文分析可知,在《欧洲经济区协定》框架下,北欧各国的体制已经出现了一定程度的转变,即议会立法权力受到一定限制,法院的司法解释权得到扩张,公民的个体权利也得到法院的一定保障。当然,鉴于《欧洲经济区协定》的范围和效力的有限性,上述现象只能说是北欧各国宪制和司法制度变革的开端和趋势。

---

① *Agreement on the European Economic Area*, August 1, 2016, http://www. efta. int/sites/default/files/documents/legal-texts/eea/the-eea-agreement/Main%20Text%20of%20the%20Agreement/EEAagreement. pdf, accessed April 12, 2024.

② http://www. hri. org/docs/Rome57/Part1. html, accessed April 12, 2024.

③ See Nik Brandal, Qivind Bratberg, Dag Einar Thorsen, *Welfare State and Constitutionalism-Nordic Perspectives*, Copenhagen: Nordic Council of Ministers, 2001, p. 95.

④ See Nik Brandal, Qivind Bratberg, Dag Einar Thorsen, *Welfare State and Constitutionalism-Nordic Perspectives*, Copenhagen: Nordic Council of Ministers, 2001, p. 104.

二、《欧洲人权公约》与北欧的个体权利保障

"二战"之后,注重对个体权利的保障在欧洲已经是一个普遍现象。这不仅要归功于《德国基本法》的颁布实施及此后宪法法院的判例发展,还要归功于《联合国人权公约》和《欧洲人权公约》的签署,特别是后者对欧洲的个体人权保障和在宪法层面上的保障注入了强心剂。《欧洲人权公约》于 1950 年 11 月 4 日在罗马签订,于 1953 年 9 月 3 日正式生效,在欧洲战后人权保障中发挥着极为关键的作用,而欧洲人权法院也被认为是司法保障人权方面最为成功的机构。[①] 那么,《欧洲人权公约》对北欧产生了什么样的影响呢?

实际上,虽然北欧各国在 20 世纪 50 年代都签署了《欧洲人权公约》,但当时北欧处于社会民主的鼎盛时期,因此都不大乐意或主动去接受这个超主权的司法审查机制。其理由有如下几点。

第一,在北欧人看来,只有普遍和平等的投票权才是真正的人民权利,其他任何事情都可以通过民主机制加以解决;第二,北欧国家签署《欧洲人权公约》时,鉴于这些欧洲南部国家过去践踏人权的历史,北欧人认为这些欧洲南部国家在人权问题上没有什么地方能教他们的;第三,北欧法院在个体权利保障方面所能发挥的作用也是有限的。[②] 因此,北欧人认为北欧不需要像欧洲南部国家那样的权利革命。他们对《欧洲人权公约》的抵制包括以单纯的国际条约对待《欧洲人权公约》。在 20 世纪 70 年代,瑞典法院还设置了很多规则来否认瑞典法律体系以外的规则适用。[③]

---

① See Steven Greer, "What is wrong with the European Convention on Human Rights?" *Human Rights Quarterly*, vol. 30, no. 3(2008).

② See Joakim Nergelius, *Constitutionalism: New Challenges European Law from a Nordic Perspective*, New York: Brill Academic Publishers, 2007, pp. 136-137.

③ See Joakim Nergelius, *Constitutionalism: New Challenges European Law from a Nordic Perspective*, New York: Brill Academic Publishers, 2007, p. 140.

不过,随着北欧各国与其他欧洲国家的交流不断增加,《欧洲人权公约》与其国内法之间的冲突变得越来越多,这还不是国内普通法与国内宪法之间的冲突。这不得不让北欧国家开始考虑将《欧洲人权公约》并入国内法,以促进法制的统一,以便更好地融入欧洲大家庭。其中一个很重要的案子是1982年瑞典的斯波隆和朗诺思(Sporrong and Lonnroth)案,其在北欧国家引起了广泛的讨论。① 在此案之后,瑞典法院开始承认瑞典法律体系外的规则适用。

更为重要的是,自20世纪90年代以来,随着北欧各国相继将《欧洲人权公约》并入国内法(芬兰在1990年并入,丹麦在1992年并入,瑞典和挪威在1994年并入,冰岛在1995年并入),《欧洲人权公约》在北欧变得越来越重要。其中瑞典、挪威特别是芬兰修改宪法来适应这一情况的改变。

还有一个关键节点是1998年《欧洲人权公约》第11号议定书的生效。在第11号议定书正式施行以前,个人并没有直接使用欧洲人权法院的权利,他们必须先向欧洲人权委员会申请,当委员会认为该案的提起具有充分的理由时,才会让该案进入欧洲人权法院进行审理。另外,纵使批准《欧洲人权公约》,国家仍然可以选择保留特定的条款而不让人民直接诉诸欧洲人权委员会,从而限制个人受到欧洲人权法院保护的可能性。而第11号议定书施行之后,欧洲人权委员会被废止,且欧洲人权法院的权限扩大了。同时在此之后,个人被允许直接向欧洲人权法院提起诉讼。在批准第11号议定书以后,《欧洲人权公约》所有的签署国家皆同意欧洲人权法院对于个人所提起的控告签署国的诉讼具有管辖权。如此一来,北欧公民在国内个体权利救济已经终结的情形下,可以直接上诉到欧洲人权法院。这一超主权司法审查制度极大推动了北欧个体权利保障司法化的发展。因为,在欧洲人权法院的压力下,为了避免北欧公民将案件起诉到欧洲人权法院,北欧各国法院都纷纷主动和直接引援《欧

---

① See Joakim Nergelius, *Constitutionalism: New Challenges European Law from a Nordic Perspective*, New York: Brill Academic Publishers, 2007, p. 139.

洲人权公约》条款。

上述事实对北欧的影响主要表现为三点。

第一,签署《欧洲人权公约》后对个体权利的要求不断提高。20 世纪 90 年代后,《欧洲人权公约》相关条款不断被北欧各国法院引用。这主要始于上述所言的斯波隆和朗诺思(Sporrong and Lonnroth)案。如今,北欧法院引用《欧洲人权公约》相关条款已经变成一个非常平常的事情。这种对《欧洲人权公约》相关条款的引用,对北欧而言就是一种权利革命。个体权利在北欧变成了非常重要的事情,这也深刻影响着北欧的政治,不仅包括制度的变革,更包括思想和观念的转变。

第二,为了更好地进行个体权利保障,在《欧洲人权公约》的刺激下,北欧各国开始了个体权利法案入宪运动。在 20 世纪 90 年代,北欧各国开始了宪法修改运动。上述已说明,在北欧,宪法对个体权利的保障是薄弱的。譬如,瑞典在 20 世纪 70 年代的修宪虽然也加入了个体权利条款,但这些条款并不意味着权利变革。个体权利被认为是理所当然的,但又是可以随意由议会立法改变的。[①] 不过,随着各国加入《欧洲人权公约》,情况发生了巨大的改变。挪威 1994 年宪法条款 110c 认为挪威的法院可以直接用《欧洲人权公约》来维护挪威个体权利,以审查议会立法。[②] 芬兰 1995 年宪法条款第 16 部分(即 1999 年宪法第 23 部分),使人权条款获得了与宪法一样的地位。[③] 瑞典 1995 年宪法第 2 章第 23 部分、第 11 章第 14 部分认为,立法必须尊重人权条款,不然有被宣布违宪的风险。[④] 芬兰在 1995 年进行了野心勃勃的权利入宪,主要目的就是增强司法可诉性。

[①]　See Joakim Nergelius, *Constitutionalism: New Challenges European Law from a Nordic Perspective*, New York: Brill Academic Publishers, 2007, p. 141.

[②]　See https://lovdata. no/dokument/NLE/lov/1814-05-17♯KAPITTEL_3.

[③]　See *The Constitution of Finland*, Section 3, June 11, 1999, https://www. finlex. fi/en/laki/kaannokset/1999/en19990731. pdf.

[④]　See *The Instrument of Government of Sweden*, https://www. riksdagen. se/en/SysSiteAssets/07. -dokument--lagar/the-instrument-of-government-2015. pdf/.

第三,立法权被限制而司法权强化,即法院与议会之间权力关系改变。法院获得了审查议会立法是否符合人权公约和宪法中个体权利保障的规定的权力,这对北欧的议会制也产生了重大的影响。

由上述分析可知,从 20 世纪 90 年代开始,北欧国家逐渐适用《欧洲人权公约》条款,这对北欧的法律体系、法律思想、政治体制等都产生了革命性的巨大影响。

三、欧盟与北欧议会立法权限的限制

欧洲共同体及之后的欧盟对于欧洲各国而言,不仅意味着欧洲区域的经济整合,也意味着政治整合。那么,欧盟对北欧各国产生了什么样的影响呢? 下文将从宏观层面讨论其对北欧宪制和司法审查所产生的影响。鉴于上述已经详细论述了《欧洲经济区协定》和《欧洲人权公约》对北欧宪制的影响,这里将通过与这两个条约比较来说明讨论加入欧盟对北欧的进一步影响。

实际上,北欧国家对加入欧盟并不是特别积极。除了丹麦在 1973 年加入欧洲共同体外,瑞典和芬兰在 20 世纪 90 年代才加入欧盟(之前没有加入欧洲共同体),而且到目前为止挪威和冰岛还不是欧盟成员国。欧盟对北欧各国宪制和司法审查的影响主要体现在以下三点。

首先,《建立欧洲经济共同体条约》第 234 条的先决裁决制度使缔约国的所有法院与欧洲法院取得直接的联系。如此一来,各国法院也越来越多地以更广泛的国际法视角取代纯粹的国内法视角。国际法成为国内法院进行司法裁判的重要乃至首要的法律渊源。随着欧洲司法一体化的不断发展,北欧法院在引援法条的法源上开始越来越重视欧盟法,而不仅仅是国内法。北欧法院通过技术解释的方式不断地参考欧盟法中的案例法。这种趋势使得北欧国内立法的重要性开始下降,而法院的地位不断上升。

其次,欧盟法不仅是欧洲区域经济整合法,同时也是欧洲宪法。欧盟法的一个关键特征就是其效力高于其成员国的国内法,并直接对其成员国的国内法有约束力。这意味着欧盟法高于各国宪法,或者说等同于宪法。这对于个体权利的保障非常重要。因为这意味着法院可以绕过国内法，直接适用欧盟法以保护个体权利。

最后，前文论述了《欧洲经济区协定》和《欧洲人权公约》为北欧各国法院提供了审查议会立法的机会。不过，这里的重大区别是：对于《欧洲经济区协定》和《欧洲人权公约》的规定，北欧各国议会可以通过国内立法来重新解释和确认；但是对于欧盟法，这种做法是禁止的，即各国议会不可以通过自己的立法来重新解释欧盟法的规定。① 这也就意味着不管是欧洲法院还是北欧国内法院，都必须审查议会立法，实际上这使得北欧法院的司法审查变成了一种必要的义务。

四、欧洲一体化时期北欧司法审查案例统计

欧洲一体化直接推动了北欧司法审查的复兴。在司法审查实践方面，北欧司法审查案例出现爆发式增长。除了冰岛继续保持原有案例，挪威和丹麦的司法审查实践恢复到了几十年前的光景。关于欧洲一体化时期挪威和丹麦司法审查案例的不完全统计，参见表 4-1。

表 4-1　欧洲一体化时期挪威和丹麦司法审查案例举要

挪威	丹麦
Traffic School (Rt. 2000-0279)	Norup Carlsen V. Nyrup Rasumussen I (UfR. 1996. 1300H)
Storebrand V. Trafikkskadde I (Rt. 2000-1332)	Hausgaard V. Prime Minsiter (UfR. 2011. 0984H)
Storebrand V. Trafikkskadde Ⅱ (Rt. 2000-1811)	Birk Keller V. Denmark (UfR. 1993. 0757H)
Islamsk Kultursenter V. A (Rt. 2004-1613)	T V. Denmark (UfR. 1994. 0536H)
TV Vest V. Norway (Rt. 2004-1737)	Tvind (UfR. 1999. 841H)

---

① See Joakim Nergelius, *Constitutionalism: New Challenges European Law from a Nordic Perspective*, New York: Brill Academic Publishers, 2007, p. 148.

挪威	丹麦
Frie Aktuell Rapport (Rt. 2005-1628)	A & C V. Denmark (UfR. 2006. 1149H)
Kvalen V. Norway (Rt. 2004-1985)	Ur Rab V. Denmark (UfR. 2002. 1789H)
Norway V. KA (Rt. 2010-535)	TV-Stop V. Denmark (UfR. 1994. 0988H)
Borthen V. Norway (Rt. 1996-1415)	Pehrson V. Denmark (UfR. 1999. 1798H)
LO-Stat V. Statens Pensjonskasse (HR-2006-00404)	Editor-in-chief A V. B (UfR. 2004. 1773H)
Arves Trafikkskole V. Norway (HR-2006-00419)	
Bergshav Tankers V. Norway (Rt. 2010-143)	
A&A V. Norway (R. 2010-1445)	
Utlendingsnemnda V. A (Rt. 2005-0229)	
Presumption of Innocence A (Rt-2004-1275)	
Presumption of Innocence B (Rt-2005-0833)	
Promulgation A (Rt. 2005-1401)	
Promulgation A (Rt. 2004-0357)	
Wrongful Rape (Rt. 2005-0246)	
Fishmonger (Rt. 2004-1500)	

资料来源:《北欧西部宪法司法审查——斯堪的纳维亚司法审查与司法推理的一项比较研究》，See Kari a Rogvi, *West-Nordic Constitutional Judicial Review-A Comparative Study of Scandinavian Judicial Review and Judicial Reasoning*, Copenhagen: DJOF Publishing, 2013, pp. 164-185, 215-229。

由表 4-1 可知,在社会民主衰落后,挪威司法审查开始变得非常活跃,这与《欧洲人权公约》《欧洲经济区协定》有着莫大的关联。如:Traffic

School 案说明了挪威最高法院对欧洲人权条款案例法的欢迎；Storebrand V. Trafikkskadde I 案和 Storebrand V. Trafikkskadde II 案都说明了挪威最高法院开始注重挪威宪法与《欧洲经济区协定》的兼容性问题；Islamsk Kultursenter V. A 案说明《欧洲人权公约》和案例法在挪威司法审查中也越来越受到重视。①

欧洲一体化时期，挪威司法审查技术也有了长足的进步。如，TV Vest V. Norway 案展示了两种解释方法的会合：一是多数法官通过案例法来解释挪威的宪法条款；二是少数法官以学术理论的方式来处理《欧洲人权公约》。② Frie Aktuell Rapport 案要求立法意图和立法工作都要符合宪法原则。Kvalen V. Norway 案再次强调判例法的重要性，在此案中，挪威最高法院指出，如果议会担忧自己的立法可能存在合宪性问题，那就明确地表达出来。Utlendingsnemnda V. A 案对国内法、《欧洲人权公约》《欧洲经济区协定》采取了综合的比例原则。③

欧洲一体化时期，挪威原有经济发展模式和福利制度陷入困境，在司法审查领域则如以下相应案例：Borthen V. Norway 案涉及的是国家退休金减少的问题。随着经济疲软和老龄人口的增加，LO-Stat V. Statens Pensjonskasse 案中国家退休金问题再次被提及。在后案中，原告认为减少退休金的条例与宪法溯及力条款、《欧洲人权公约》第 1 号议定书相冲突。LO-Stat V. Statens Pensjonskasse 案又说明了两种基本权利条款（挪威宪法与《欧洲人权公约》）在挪威司法审查中的应用。Arves Trafikkskole V. Norway 案中，原告是一个承担不断上涨的费用的私人交通培训学校，此案

---

① See Kari a Rogvi, *West-Nordic Constitutional Judicial Review-A Comparative Study of Scandinavian Judicial Review and Judicial Reasoning*, Copenhagen: DJOF Publishing, 2013, pp. 161-164.

② See Kari a Rogvi, *West-Nordic Constitutional Judicial Review-A Comparative Study of Scandinavian Judicial Review and Judicial Reasoning*, Copenhagen: DJOF Publishing, 2013, pp. 166-168.

③ See Kari a Rogvi, *West-Nordic Constitutional Judicial Review-A Comparative Study of Scandinavian Judicial Review and Judicial Reasoning*, Copenhagen: DJOF Publishing, 2013, pp. 168-176.

同样涉及宪法溯及力,说明了宪法溯及力条款如何被重新定义的问题。①

欧洲一体化时期,挪威与刑事犯罪有关的司法审查案例有:关于无罪推定的案件 Presumption of Innocence A 案、Presumption of Innocence B 案、Wrongful Rape 案,以及关于双重审判的案例 Fishmonger 案。②

丹麦在社会民主鼎盛时期同样没有什么司法审查案例。不过值得注意的是,在那段时间里,丹麦有一个关于"冰岛传奇故事手稿"的案例,即 Arne Magnussens Legat V. Denmark 案。此案的意义在于丹麦法院第一次做出立法违宪的决定(选择不适用)。③

1973 年,在 Tegen V. Prime Minister 案中,丹麦最高法院认为丹麦公民没有法律权利挑战加入欧洲共同体的合宪性问题。但在 1996 年 Norup Carlsen V. Nyrup Rasumussen I 案中,个体利益作为一项强有力的法益来挑战欧盟法受到了丹麦最高法院的重视。Hausgaard V. Prime Minsiter 案是对 Norup Carlsen V. Nyrup Rasumussen I 案的继续讨论。上述三个案例讨论了丹麦与欧洲共同体的关系问题。④

Birk Keller V. Denmark 案、T V. Denmark 案、Tvind 案和 A & C V. Denmark 案四个案例讨论了丹麦权力分立的问题,包括与欧洲人权法院和欧盟的关系问题。

欧洲关于平等权与自由结社和表达的案例有 Ur Rab V. Denmark 案、TV-Stop V. Denmark 案、Pehrson V. Denmark 案、Editor-in-chief A

---

① See Kari a Rogvi, *West-Nordic Constitutional Judicial Review-A Comparative Study of Scandinavian Judicial Review and Judicial Reasoning*, Copenhagen: DJOF Publishing, 2013, pp. 171-174.

② See Kari a Rogvi, *West-Nordic Constitutional Judicial Review-A Comparative Study of Scandinavian Judicial Review and Judicial Reasoning*, Copenhagen: DJOF Publishing, 2013, pp. 178-181.

③ See Kari a Rogvi, *West-Nordic Constitutional Judicial Review-A Comparative Study of Scandinavian Judicial Review and Judicial Reasoning*, Copenhagen: DJOF Publishing, 2013, p. 214.

④ See Kari a Rogvi, *West-Nordic Constitutional Judicial Review-A Comparative Study of Scandinavian Judicial Review and Judicial Reasoning*, Copenhagen: DJOF Publishing, 2013, pp. 218-225.

V. B 案等。①

上文已经指出,在 19 世纪后期和 20 世纪的部分时段,虽然北欧西部三个国家的司法审查表现活跃,但北欧东部两个国家则并没有在实践中发展出法院司法审查,而瑞典和芬兰分别在 1974 年和 2000 年的宪法修改中增加了司法审查制度。同时,社会民主衰落和欧洲一体化也对这两个国家的司法审查带来了巨大影响。由此,在欧洲一体化时期,瑞典和芬兰两国的司法审查开始出现一片繁荣景象,参见表 4-2。

表 4-2　欧洲一体化时期瑞典和芬兰司法审查案例

瑞典		芬兰
NJA(1984)648	RA(1981)2	KKO(2000)62
NJA(1988)572	RA(1982)14	KKO(2003)107
NJA(1991)512	RA(1982)15	KKO(2004)24
NJA(1996)370	RA(1982)74	KKO(2004)26
NJA(1996)668	RA(1993)10	KKO(2006)71
NJA(1998)474	RA(1993)79	KHO(2000)36
NJA(1998)817	RA(1994)277	KHO(2001)35
NJA(2000)132	RA(1994)654	KHO(2001)50
NJA(2001)210	RA(1997)65	KHO(2005)43
NJA(2001)439	RA(1981)2	KHO(2005)50
NJA(2003)217	RA(1982)14	KHO(2007)77
NJA(2005)33	RA(1982)15	KHO(2008)25

注:NJA 代表瑞典最高法院的案例,RA 代表瑞典最高行政法院的案例,KKO 代表芬兰最高法院的案例,KHO 代表芬兰最高行政法院的案例。
资料来源:Juha Lavapuro, Tuomas Ojanen, Martin Scheinin, "Rights-based Constitutionalism in Finland and the Development of Pluralist Constitutional Review," *International Journal of Constitutional Law*, vol. 9(2011), pp. 505-531; Joalim Nergelius, "Judicial Review in Sweden Law-A Critical Analysis," *Nordic Journal of Human Rights*, vol. 27(2009)。

---

①　See Kari a Rogvi, *West-Nordic Constitutional Judicial Review-A Comparative Study of Scandinavian Judicial Review and Judicial Reasoning*, Copenhagen: DJOF Publishing, 2013, pp. 225-231.

瑞典虽然在 1974 年就设立了司法审查制度,但法院一直以来并不情愿去判断一项立法违宪(不适用)。不过,在 Lassagard 案[RA(1997)65]中,原告于 1995 年 5 月向一个地区行政当局申请农业补贴,该申请基于欧盟法规,但因未遵守时限而被驳回。原告向上级行政机关申诉却被告知维持原先判决。最后,在多次向不同法院上诉后,该案被提交到瑞典最高行政法院。此案主要的争论焦点是,公民对于瑞典某一议会立法规定对行政当局做出的决定,并不具有诉诸司法审查的权利,那么,缺乏司法审查的议会立法是否违反欧盟法规? 在此案中,瑞典最高行政法院强调:欧盟法规没有明确规定司法审查的权利,因此,有必要考察欧洲法院判例中所载欧盟法的一般原则,并最终做出原告胜诉的决定。值得注意的是,此案后,瑞典《行政行为法》在 1998 年通过修订,以便行政法院对行政当局所做决定进行审议。

Lassagard 案标志着欧盟法在瑞典法律中的直接适用取得了突破。此案对于理解瑞典司法审查范围的扩大以及瑞典国内法与欧洲法律的关系具有重要意义。此案表明:第一,欧盟法的效力高于瑞典国内法;第二,欧盟法律允许在瑞典法律秩序中扩大司法审查的范围。

还有一个重要案例是 Lundgren 案[NJA(2005)33]。此案中,一名男子被告知他在 1991 年涉嫌经济犯罪。1993 年该男子被指控犯罪,但直到 1997 年才进行审判,一审法院宣判他无罪。从那以后,他一直难以自立。他的公司破产了,而且找其他工作也不大可能。原告认为自己的利益受到了损害,一直上诉到瑞典最高法院。瑞典最高法院认为:该案程序太长,且违反了《欧洲人权公约》第 6 条,当事人应当被给予财政赔偿。根据《瑞典侵权法》规定,结合 Lundgren 多年来的收入损失,瑞典首先赔偿了他 70 万瑞典克朗的经济损失,除此之外,还给予他 10 万瑞典克朗的赔偿金,作为对违规行为的赔偿。①

关于瑞典在欧洲一体化时期的司法审查,瑞典一名叫卡琳·艾哈曼

---

① Joalim Nergelius, "Judicial review in Sweden Law-A Critical Analysis," *Nordic Journal of Human Rights*, vol 27, no. 2(2009).

(Karin Ahman)的学者做过统计,她指出:

> 在 1995 年到 2002 年期间,瑞典各级法院在审理案件中就有 131 件涉及司法审查,其中 71 件上诉到最高法院,38 件上诉到最高行政法院,22 件上诉到法院。在这 131 件中的 70 件里,法院并没有发现与瑞典基本法、《欧洲人权公约》、欧盟法相冲突的地方。不少于 48 件通过司法解释的方式被化解。在上述案件中,有 9 件涉及了《瑞典政府组织法》第 11 章 14 款的内容,其中 5 件被宣布"搁置一旁"。上述情况与之前的瑞典司法审查情况形成了鲜明的对比。①

前文已经提到,芬兰司法审查的核心是《芬兰宪法》第 106 条。在 KKO (2004)24 案中,芬兰最高法院审查了 1985 年《建筑物保护法》的立法文件,包括议会宪法委员会关于该法案是否符合宪法的意见。不过,芬兰最高法院的司法审查基本上仍然延续 20 世纪 80 年代初的传统,对司法审查的发展并没有做出实质性的贡献。特别是芬兰最高法院忽视了 1995 年芬兰国内保护宪法权利制度的改革,包括《芬兰宪法》第 20 节明确规定保护环境和民族遗产是每个人的责任,而认定《建筑物保护法》合宪。

不过,在 KKO (2004)26 案中,芬兰最高法院做出了一个关键的判决,第一次适用《芬兰宪法》第 106 条。此案中,一家药店腾空了位于赫尔辛基一栋公寓楼一楼的营业场所。不久之后,环境保护当局根据《建筑物保护法》(1985 年第 60 号法)向拥有这座建筑的公司发布了一项禁令:因考虑到文化遗产保护,禁止该公司改变药房内部结构。在随后的起诉中,关于文化遗产保护的禁令被否决了。该公司要求国家赔偿,理由是禁令阻止其自由出租营业场所,造成了收入损失。《建筑物保护法》第 11 条说

---

① Quoted in Joalim Nergelius, "Judicial review in Sweden Law-A Critical Analysis," *Nordic Journal of Human Rights*, vol. 27, no. 2(2009).

明了在做出有利于文化遗产保护的决定后进行赔偿的理由,但没有说明对临时禁令造成的损害的赔偿。芬兰最高法院提到了《建筑物保护法》的立法文件,包括议会宪法委员会认为该法案符合宪法的意见。最后芬兰最高法院认为:该法案与《芬兰宪法》的专有条款有明显冲突,该公司有权获得赔偿。

芬兰最高行政法院案例 KHO(2008)25 是迄今为止芬兰最权威的关于明显违宪的司法裁决。它与赫尔辛基大学法学院的一项诉讼有关。该学院决定将一名管理人员的职位从学院调到大学管理中心,该职员反对这项决定。根据芬兰《国家公务员法》,有关公职调动的决定不可上诉,而只能采取需要特殊条件的特别补救措施。芬兰《国家公务员法》第 58 条禁止上诉的适用将阻止该职员行使《芬兰宪法》第 21 条所保障的上诉权,因此明显与《芬兰宪法》相冲突。最终,芬兰最高行政法院认为芬兰《国家公务员法》第 58 条不应适用于此案。①

五、小结:外部影响是关键

欧洲区域一体化促进了北欧司法审查的复兴。与此同时,在 20 世纪不能忽略这样一个事实,即北欧各国越来越多地要求国家司法机构代替受有关国家约束的国际机构来审查国内立法。② 欧洲区域一体化对北欧的政治体制、司法审查都产生了巨大影响,直接推动了北欧各国的成文权利保障运动及司法审查的复兴。所有这些变化都表明集体主义在北欧开始衰落,而强调个体主义在北欧变成一种趋势。

---

① Juha Lavapuro, Tuomas Ojanen, Martin Scheinin, "Rights-based Constitutionalism in Finland and the Development of Pluralist Constitutional Review," *International Journal of Constitutional Law*, vol. 9(2011), pp. 505-531.

② See Helle Krunke, Bjorg Thorarense, *The Nordic Constitutions-A comparative and Contextual Study*, Oxford: Hart Publishing, 2018, p. 129.

第二节　个体主义时代与权利导向的
北欧社会民主

一、《欧洲经济区协定》与北欧社会民主的转型

《欧洲经济区协定》的主要目的是促进签署国之间的自由贸易，社会权领域并不是它的重点，欧洲自由贸易联盟法院并没有义务去实施社会权。不过，由于《欧洲经济区协定》是欧洲共同体与欧洲自由贸易联盟之间达成的协议，而共同体法自《阿姆斯特丹条约》（1997 年 10 月 2 日签署，1999 年 5 月 1 日生效）后已进入第五阶段，即社会政策阶段，那么，共同体法（之后的欧盟法）的社会政策势必会对《欧洲经济区协定》产生影响。总体而言，《欧洲经济区协定》为法院在社会政策领域发挥作用开辟了一条道路。

在北欧，劳资集体协议一直是一个独具特色的制度。在北欧五国的劳动力市场中，劳资集体协议扮演了重要角色。社会合作者（Social partners）观念在劳资争议中非常重要，通过劳资集体协议，很多争议在法院判决之前就已解决好。而立法和法院实际上只发挥了非常有限的作用，法院也对这种协议给予了高度信任。

但是近年来，北欧劳动力市场的旧有模式不断受到冲击。EEA 建立的主要目的是保证在欧洲共同体市场内，不管是雇主还是雇员都可以实现自由的流动。这给北欧带来了一个问题，即事实上北欧五国是经济发达的福利国家，与欧洲其他国家相比，他们工人的工资自然也是较高的。在此背景下，一些北欧公司将公司注册在其他国家且使用他国的劳资集体协议，但是公司主要业务仍然在北欧。如欧洲法院 2007 年的一个案例中，芬兰工会与芬兰一家船务公司之间发生诉讼，这家公司想给他们其中

一条船改国籍,用爱沙尼亚的协议而不是芬兰协议。[1] 类似地,许多与北欧有紧密联系的公司采取他国的低工资协议,导致了非常复杂的问题。下文的建筑公司案(Laval judgment)就是一个典型的例子。

在瑞典,《外派劳务法》要求对来自外国的服务提供者也有一定的最低工资标准。这一法律受到了欧洲法院的挑战。[2] 作为建筑工程的一部分,拉脱维亚建筑公司派遣了一批建筑工人到瑞典的子公司工作,但该公司拒绝采用瑞典常用的建筑劳资协议,即外派人员每小时最低工资145瑞典克朗。最后,瑞典劳动法院以欧盟法的优位权原则判定该建筑公司胜诉。建筑公司案对丹麦的《劳务派遣法》产生了很大的影响。在此案之后,丹麦议会通过立法修改了原先的《劳务派遣法》,为来自外国的服务提供者的最低工资支付设置了更加弹性的空间。[3]

冰岛也要求来自外国的服务提供者遵守普遍适用的集体协议中的最低工资标准。冰岛劳动力市场和集体协议《劳动派遣法》引起了欧洲自由贸易联盟监督局的批评。冰岛《劳动派遣法》规定了企业在职工疾病和职业事故期间的全额工资义务及安排保险义务,如提供意外保险。一项判决对冰岛《劳动派遣法》提出了违反《欧洲经济区协定》的指控。根据欧洲自由贸易区法院的意见,疾病和职业事故不能被视为适用《劳动派遣法》的元素。这项判决导致了冰岛对《劳动派遣法》的修正。关于强制事故保险的规定被取消,取而代之的是,如果职工因疾病或职业事故缺勤,企业

---

① C-438/05,Viking,quoted in Pia letto Vanamo,Ditlev Tamm,Bent Ole,Gram Mortensen,*Nordic Law in European Context*,Switzerland AG:Springer Nature,2019,p.155.

② C-341/05,Laval,quoted in Pia letto Vanamo,Ditlev Tamm,Bent Ole,Gram Mortensen,*Nordic Law in European Context*,Switzerland AG:Springer Nature,2019,p.156.

③ See Pia letto Vanamo,Ditlev Tamm,Bent Ole,Gram Mortensen,*Nordic Law in European Context*,Switzerland AG:Springer Nature,2019,p.156.

必须支付劳动力市场工资,而不是全额工资。①

在社会民主主导时期,不管是工会的结社还是劳资的集体谈判,至少在北欧国家看来都是纯政治过程的事项,与法院和司法并无关系。不过上述事实和案例表明,北欧各国不断融入欧洲一体化,特别是其中的司法一体化,对北欧各国的社会民主已经产生了很大的影响。社会民主开始受到司法的审查和制约。这意味着社会民主治理的转型和改变不可能如过去那样仅仅依靠政治过程加以解决,法院的司法过程也是重要的一环。

二、《欧洲人权公约》与北欧社会民主的转型

《欧洲人权公约》只明确提到一项社会权利,即第 1 号议定书第 2 条规定,不得剥夺任何人的受教育权。但实际上,不管是在理论上还是在实践上,《欧洲人权公约》对北欧社会民主的影响都是巨大的,推动了北欧个体主义的兴起,换言之,就是推动了北欧的权利革命。这主要表现在以下两个方面。

第一,就实践层面而言,跨国司法审查实践显示出北欧社会民主旧有保障模式的不足。北欧经验表明,社会民主对北欧政治的提升表现在实现了所谓共识民主和协商民主,从而使议会朝野各方在议题上能够取得一致,但这也只能算是维护了绝大多数人的利益,不能说是维护了所有人的利益。个体权利受侵害至少在理论上是存在的,即便社会民主确实如它所宣称的那样实现了大多数人的幸福。此外,通过社会民主党的执政,北欧国家过去一直认为自己在人权保障方面(议会式)是非常完美的,而不需要法院的参与。但从欧洲人权法院的记录来看,北欧国家对人权的保障并没有像它们自己所宣称的那样要比西方其他国家好得多。关于个

---

① E-12/10,Iceland, quoted in Pia letto Vanamo, Ditlev Tamm, Bent Ole, Gram Mortensen, *Nordic Law in European Context*, Switzerland AG:Springer Nature, 2019,p. 157.

体和少数族裔的司法审查案例表明,只有宪法上的人权保障条款才能为人民的自由提供最为坚强的保障。①

实行社会民主和福利制度的北欧,在 20 世纪末就将是否应该引入积极的司法审查变成了一个广泛的议题,对如何在社会民主和福利制度下进行司法审查、两者之间是否可以融合等,都进行了讨论。基于议会主权体制和社会民主的意识形态,北欧人认为任何重要事务都应该由人民代表决定,而不是非民选的法官决定。但北欧各国的经验都表明,无限制的民主总是会侵害人权,因此,没有司法控制是绝对不行的。

第二,就制度层面而言,推进社会民主的权利保障由议会民主过程上升到宪法保障层面。挪威、丹麦、瑞典、冰岛的宪法中关于基本权利的保障的决定不多,所以主要是靠《欧洲人权公约》。1953 年以后,丹麦宪法中并没有多少权利法案,同时挪威宪法自 1814 年以后也很少有权利法案,而受到《欧洲人权公约》的刺激,2014 年挪威宪法中大量引入了权利法案。换言之,《欧洲人权公约》变成了北欧国家的权利法案。瑞典在 20 世纪 70 年代进行了宪法改革,在改革中也加入了权利条款,但是这些条款的增加并不意味着瑞典已经在根本上从普遍主义原则的权利保障发展到个体主义的保障,因为这些条款并不具备司法可诉性,同时也很容易被议会立法限制。

上述可说明,在北欧,宪法上的个体权利保障是薄弱的。北欧国家在加入《欧洲人权公约》后,越来越重视个体权利的宪法保障,这样的权利保障较少受到议会日常政治的影响,具有恒定性特征,同时个体可以通过自己的司法诉讼获得救济和保障。

社会民主是一种主要通过和平方式夺取政权的主张,在其立宪体制中,对于工人而言,最为主要的权利就是结社自由权。结社自由是社会民主运动的重要基石之一。北欧各国的工人正是通过结社自由建立了自己的政党——社会民主党,然后又通过工会和政党来维护自己的利益。本

---

① See Joakim Nergelius, *Constitutionalism: New Challenges European Law from a Nordic Perspective*, New York: Brill Academic Publishers, 2007, pp. 155-160.

书在第二章也指出,北欧社会民主的主要场所和平台是议会。北欧各国社会民主党通过议会政治和斗争维护了工人的合法权益。

《欧洲人权公约》的第 11 条款也规定了结社自由权。事实上,这一条款的规定不仅意味着工人有组织工会的权利,同时也意味着工人有不加入工会的权利。那么,这一条款会对北欧各国劳工结社自由产生什么样的影响? 这里将通过两个案例来说明情况。

案例一:1993 年西古琼森(Sigurjonsson)案

冰岛法律规定,取得计程车牌照要加入工会。一名计程车司机因为退出工会而被取消了牌照。当事人在冰岛地方法院败诉之后一直上诉到冰岛最高法院,最高法院维持了原判。在国内诉讼救济完结后,当事人告到了欧洲人权法院。欧洲人权法院认为冰岛法律的这一规定违反了《欧洲人权公约》第 11 条款。在欧洲人权法院判决此案后,冰岛修改了相关法律条款,允许不加入工会的人申请计程车牌照。[1]

案例二:2006 年索伦森和拉斯穆森(Sorensen and Rasmussen)案

在 2006 年 1 月 1 日索伦森和拉斯穆森(Sorensen and Rasmussen)案的裁定中,欧洲人权法院发现丹麦没有给予这两名雇员必要的法律保护,以使他们避免被强制成为工会的成员。与冰岛西古琼森案不同的是,丹麦违反《欧洲人权公约》的行为,并不包括强制雇员加入国家命令的某个组织。在丹麦,工会组织被允许设置强制性规定。在一场激烈的政治辩论之后,一项禁止封闭工厂安排的法案被否决,而这一新的裁决很快就在没有太多政治斗争的情况下,在 2006 年春天促成了对丹麦《结社自由法案》的修正。有了这项新法案,封闭工厂的安排和优惠

---

① See Pia letto Vanamo, Ditlev Tamm, Bent Ole, Gram Mortensen, *Nordic Law in European Context*, Switzerland AG: Springer Nature,2019, pp. 158-159.

安排不再有效,雇主被命令在雇用和解雇雇员时不得重视雇员有无工会的成员资格。①

三、欧盟法与北欧社会民主的转型

欧盟法的主要目的也是实现人员、货品、资金的自由流动。欧盟法也超越了公法与私法的界限来真正保障个人权利,但这些权利侧重于经济权利,如进入劳动力市场、安全的工作条件和公平政策等,不存在集中或统一的超国家社会福利。不过,较之于上述的《欧洲经济区协定》和《欧洲人权公约》,欧盟法对社会权的关注要广泛得多。

首先,在规范配备方面。欧洲法院裁决的法律条款表明,欧盟法对社会权的保障是相对全面的:如《建立欧洲共同体条约》(2002 年修订版)第18、39、43、49 条对工人权利的保障,允许服务提供者和欧盟公民在欧盟内自由流动;《建立欧洲共同体条约》(2002 年修订版)第 12 条,禁止对移民实行基于国籍的歧视;《建立欧洲共同体条约》(2002 年修订版)第 42条和相关立法规定了欧盟公民及其家庭获得社会保险和投资福利权利的条件;等等。②

其次,在诉讼权利方面。欧洲法院与欧洲人权法院相比,收到的关于社会权的诉讼更多。个人参与跨国法律活动,有助于将社会权利扩大到主权国家领域之外。这一发展与传统的国家对本国公民社会福利的排他性承诺有着明显的不同之处。在欧盟背景下,更多的涉及社会的权利、更

---

① See Pia letto Vanamo, Ditlev Tamm, Bent Ole, Gram Mortensen, *Nordic Law in European Context*, Switzerland AG: Springer Nature, 2019, pp. 158-159.

② Commission Regulation 1251/70, 1970; Council Directive [CD] 221/64, 1964; CD 360/ 68, 1968; CD 34/75, 1975; CD 364/90, 1990; CD 365/90, 1990; CD 96/93, 1993; Council Regulation [CR] 1612/68, 1968; CR 1408/71, 1971; CR 1247/92; 1992). See Lisa Conant, "Individuals, Courts, and the Development of European Social Rights,"*Comparative Political Studies*, vol. 39, no. 1(2006).

广泛的司法管辖权力和更容易获得司法救助的正式超国家规则,为高水平社会福利提供了便利。1960—2004 年欧洲社会权利诉讼的法律规范与司法案例数量参见表 4-3 和表 4-4。

表 4-3　1960—2004 年欧洲社会权利诉讼的欧盟条款与司法案例数量

欧盟条款	ECJ/个	ECHR/个
条约第 42 款(51):社会安全的协调	86	0
条约第 18 款(8a):欧盟公民的自由流动	15	0
理事会规则[CR 1612/68(1986)]:劳工自由流动	137	0
CR 1408/71(1971):劳工及其家庭成员的社会安全	357	0
CR 1247/92(1992):特殊非缴费福利	10	0
理事会指令 364/90(1990)、365/90(1990)或 96/93(1993):欧盟公民、退休人员和学生的居住权	9	0
总数	614	0

表 4-4　1960—2004 年欧洲社会权利诉讼的《欧洲人权公约》条款与司法案例数量

《欧洲人权公约》条款	ECJ/个	ECHR/个
《欧洲人权公约》议定书 1 第 2 条款:受教育权	0	16
《欧洲人权公约》议定书 1 第 1 和第 14 条款:反歧视和财产权	0	15
《欧洲人权公约》第 4 条款:强制劳动和奴役	0	4
《欧洲人权公约》:社会和医疗资助	2	0
《欧洲人权公约》:社会安全	1	0
总数	2	35

注:ECJ 代表欧洲法院(European of Court of Justice);ECHR 代表欧洲人权法院(European Court of Human Rights)。

资料来源:Celex, Lexis searches, July 27-28 and August 6, 2004;April 2, 2005;HUDOC searches July 22-26 and August 6, 2004;April 2, 2005. See Lisa Conant, "Individuals, Courts, and the Development of European Social Rights," *Comparative Political Studies*, vol. 39, no. 1(2006)。

表 4-3、4-4 说明,欧洲法院执行了更多明确涉及社会权利的法律规范,欧盟条款产生了强大的推动力。但欧洲层面上的社会权利保障只能算是一种最低标准的保障,一个国家如果想要更高层次的保障,还得完善宪法里的权利条款,这便是芬兰要做的事。

四、芬兰社会经济文化权的全面入宪

在北欧国家,《欧洲经济区协定》《欧洲人权公约》及欧盟法为包括社会权在内的人权在司法上的保障提供了渠道。但在芬兰看来,这些渠道只能算是一种层级比较低的保障手段,作为一个发达国家,芬兰应该走得更远才对。为此,芬兰在 20 世纪 90 年代推动了宪法改革,其中一个重要内容就是公民基本权利条款的入宪。在具有社会民主传统并注重左翼价值的国家,社会经济文化权的宪法保障在芬兰宪法里可以说是体现得淋漓尽致。

首先,关于芬兰的这次宪法改革最主要的就是基本权利条款得到扩充。芬兰 1919 年宪法在基本权利方面只规定了平等权、宗教自由、言论自由、住宅不受侵犯、通信自由等消极权利。[①] 不过,随着社会民主在芬兰的实践,以及芬兰在 20 世纪 90 年代加入《欧洲人权公约》和欧盟,原来的基本权利条款显然已经无法满足新的要求。对此,新宪法扩充了许多基本权利条款。在新宪法的第 2 章中,除罗列系列消极权利之外,还增加了包括环境保护权[②]在内的许多有关经济、社会和文化的权利,譬如:受教育权(Section 16),每人都有免费受教育的权利,接受教育的义务条款由普通法律具体规定[③];语言与文化权(Section 17)[④];工作与商业活动权(Section 18)[⑤];社会安全的权利(Section 19)[⑥];等等。

---

① See *The Constitution Act of Finland*, Section 5-16, July 17, 1919, https://www. refworld. org/docid/3ae6b53418. html.

② See *The Constitution Act of Finland*, Section 6-23, July 17, 1919, https://www. refworld. org/docid/3ae6b53418. html.

③ See *The Constitution Act of Finland*, Section 6-23, June 11, 1999, https://www. finlex. fi/en/laki/kaannokset/1999/en19990731. pdf.

④ See *The Constitution Act of Finland*, Section 6-23, June 11, 1999, https://www. finlex. fi/en/laki/kaannokset/1999/en19990731. pdf.

⑤ See *The Constitution Act of Finland*, Section 6-23, June 11, 1999, https://www. finlex. fi/en/laki/kaannokset/1999/en19990731. pdf.

⑥ See *The Constitution of Act Finland*, Section 6-23, June 11, 1999, https://www. finlex. fi/en/laki/kaannokset/1999/en19990731. pdf.

其次,芬兰的这部新宪法除大量增加社会权条款外,最大的特点是这些社会权方面的条款可以作为司法裁判的直接适用规则。例如,新宪法第19章第1和第2款规定:"该法案应保障所有人在失业、生病和残疾、年老、出生或失去供养者的时候,那些无法获得有尊严的生活所需手段的人,有权获得必不可少的被照顾的权利。"①

我们该如何来理解这一规定? 第一,这意味着议会立法有义务保障上述社会权。第二,也是最为主要的,如果立法没有尽到义务来保障上述社会权,按照原来普遍主义和社会民主的模式,个体没有权利诉诸法院亚来请求维护自己的权利,但这一规定意味着个体有权诉诸法院,请求法院保障自己的权利。

芬兰的宪法权利改革可以说是一个高水平的改革,其直接目的就是推进这些权利的司法化,即提高司法性,包括:第一,建立了宪法权利导向的解释原则;第二,这些权利可以作为司法裁决的直接适用规则。芬兰直观地见证了从社会民主(集体主义)的福利模式到个体主义的福利模式的转变。公民在社会权方面的自主性不断得到提高,他们如果觉得自己的权利没有得到保障,可以直接到法院起诉,主张自己的权利。

下文将以芬兰司法实践中的几个案例,来说明芬兰是如何实现对社会权保障的转型的,即从单一立法保障到立法与司法同步保障的转型。

(一)工作权

工作权是指人们在社会上选择与其身份、才智相适合的工作,以维持其生存的基本权利。自1919年德国《魏玛宪法》生效以来,工作权思想在世界大范围内传播,并被人们普遍接受和认可,这就为对工作权的具体保护打下了良好的基础,这推动了工作权在实体法上的被认可与制定。工作权首先应得到宪法的确认与保障,因为宪法是国家的根本法。

---

① See *The Constitution of Finland*, Section 19, June 11, 1999, https://www.finlex.fi/en/laki/kaannokset/1999/en19990731.pdf.

在芬兰,旧宪法虽然为公民的工作权提供了很高的定位①,但真正产生司法案例是在 1995 年宪法改革后。1997 年,芬兰地方法院基于宪法 Section 6.2 和相关法律判定,地方自治市若没有为长期失业的人提供 6 个月的就业机会,则应当支付赔偿金。对此,芬兰最高法院予以支持。不过在阐述中,芬兰最高法院援引的只是普通议会立法《就业法案》,而非宪法条款。

> 《就业法案》的目标在于为公民安排就业机会并实现充分就业。目标的实现既要靠经济政策措施,也要靠就业政策措施。《就业法案》第四章(No. 87 of 1987)包括了安排就业和教育的条款,在 1988 年到 1992 年生效,特别强调了长期失业人员和青年失业人员的就业。根据《就业法案》Section 18.3,国家或自治市在劳工部门的指导下有义务为长期失业人员提供 6 个月的就业机会,如果其他雇用措施已经失效……针对长期失业人员设置的就业权利条款,目标不仅仅在于保障全社会的充分就业,还在于明确保障公民获得工作的个体权利。对于他们而言,获得社会安全的基本补贴并不能作为就业的替代方案。因此,根据《就业法案》Section 18.3,自治市没有为其安排工作的长期失业人员有权获得赔偿金作为权利被损害的补偿。②

此外,在 1995 年宪法改革后,根据《芬兰宪法》Section 18.4,若没有普通法律里所规定的理由,没人应该被解雇。芬兰最高行政法院在很多案例中判定自治市解雇公务员的决定违宪。不过,芬兰最高行政法院认为,自治市不能为政府和议会在立法领域的迅速发展承担责任,因此判决

---

① 芬兰 1972 年宪法第 6 条第 2 款:除非议会法案另有规定,否则国家有责任为芬兰公民提供就业机会。

② See KKO 1997:141(Yearbook of the Supreme Court 1997 No 141).

在 1995 年宪法改革生效前的解雇决定合宪,但是对于 1995 年宪法改革生效后的解雇决定,则否定其效力。①

(二)获得必要社会服务权

获得必要社会服务权,即公民要求国家通过立法来承担和提高全体国民基本生活水准的权利。具体而言,即政府和社会应保障个人和家庭能获得必要的社会服务。在 1995 年宪法改革后,《芬兰宪法》第 19 章第 3 部分规定了公民获得社会服务权的权利。此外,芬兰的《小孩日托法案》(No.36 of 1973)在 1996 年 1 月 1 日的修正案生效,规定未上学的小孩都有获得日托的权利。

芬兰万塔市(Vanttaa)的一个家庭申请 1996 年 11 月 20 日的小孩日托,但是市政府安排的却是 1996 年 12 月 2 日,导致这个家庭因为照顾小孩而失去了这段时间的收入,孩子的母亲因此起诉到法院。在地方法院没有支持其诉求后,孩子的母亲又起诉到了上诉法院。上诉法院支持了她的诉求。对此,上诉法院阐述了如下观点:

> 上诉法院注意到父母有使得其小孩获得市政府日托的主观权利,直到小孩达到义务教育年龄并开始上学……法律并不允许市政府拒绝申请者。此外,宪法 Section 15a.3 已明确规定公共机构应当保证所有人——正如在普通法律已具体规定的——获得必要的社会、健康和医疗服务。还有,公共机构应当支持家庭和其他负有照顾小孩责任的机构,使他们有能力保证小孩的个体发展和幸福。因此,V 女士有充分的理由期望在申请日托时,市政府会安排。
>
> 市政府应当预测到 1996 年 1 月 1 日生效的法律会明显导致日托需求的大量增长。考虑到这点以及申请日期为 1996 年

---

① 　See Nik Brandal, Qivind Bratberg, Dag Einar Thorsen, *Welfare State and Constitutionalism-Nordic Perspectives*, Copenhagen: Nordic Council of Ministers, 2001, pp. 251-252.

11 月 20 日,以及 V 女士在 1996 年 5 月 15 日已经提交申请,市政府作为公共权力的执行机构,因拒绝 1996 年 11 月 20 日的请求而违反了法定义务。因为违反了法定义务,仅在 1996 年 12 月 2 日分配有关的日托场所,就不能认为它符合安排儿童日托领域的合理期望。因此,市政府应当对延迟安排日托所造成的损害承担责任。①

最后,上诉法院要求市政府赔偿该家庭收入的损失以及诉讼费用。

此外,关于必要的医护服务,一个典型的司法审查案例就是一名残疾人士要求赫尔辛基市为她的骨科鞋子(orthopaedic shoes)支付费用。该市的高级医生认定市政府每年会为特殊群体提供每人一到两双的特殊鞋子,虽然根据实际情况,一般需要好几双鞋子。省行政法院认定市政府没有义务提供额外的鞋子。但是,芬兰最高行政法院认为这样的权利受到《芬兰宪法》第 19 章第 3 部分的支撑。由于市政府既没有提供有效的援助,也没有据《芬兰宪法》第 6 章优先给予其他健康或医疗服务,以满足申请者的个体需求,因此,芬兰最高行政法院认定市政府行为违反了《芬兰宪法》第 19 章第 3 部分,最后要求赫尔辛基市为她提供足够的骨科鞋子以满足其医疗要求。②

(三)教育权

受教育权是由宪法确认和保障的公民受教育的权利,是公民重要的基本权利之一。芬兰最高行政法院引用《芬兰宪法》第 16 章第 1 部分中关于每个人都有权免费获得基本教育的权利的条款,来判定市政府有义务提供免费的帮助。对一些需要特殊帮助的孩子,芬兰最高行政法院认为,即便没有关于个人学校救助的特别条款,市政府也有义务为他们提供帮助,以符合芬兰《基本教育法》的规定。③

---

① Helsinki Court of Appeals 28 October 1999,Case no. S 98/225.

② Supreme Administrative Court,27 November 2000 no. 3118.

③ Supreme Administrative Court,28 February 2000 no. 394.

（四）房屋权

不管是旧宪法还是新宪法，芬兰都没有关于房屋权的规定。不过，在芬兰议会立法中存在着保障个体居住权的相关条款。这里主要有两种类型：第一是《小孩保护法》中规定市政府有义务为小孩提供居住条件直到他（她）到 18 周岁；第二是对残疾人居住权的保障。1998 年，在关于多发性硬化症（multiple sclerosis）患者电梯费用支付的案件中，芬兰最高行政法院引用了《芬兰宪法》中的自由选择居住条款和禁止歧视残疾人条款，要求市政府为患者支付相应的电梯费。[①]

（五）社会救助权

在 1995 年宪法改革后，芬兰也产生了关于社会救助权的司法案件。法院一般援引《芬兰宪法》第 19 章第 1 部分来强调社会救助权的主观权利。大多数此类案件涉及市政府根据地方法律拒绝为公民提供相关方面的救助的情况。如，海门（Hame）行政法院判决了一个市政府拒绝为一名大学生提供助学贷款的案例。海门行政法院认为，是否提供助学贷款的决定应当基于具体实际情况和个体需要，虽然这名大学生的还贷能力可能有限。海门行政法院强调了宪法上关于"必要救助"对于每个人的重要性。[②]

第三节　社会经济文化立法宽松审查的底线

前文提到，在社会民主主导时期，借助优先权学说，挪威和丹麦的司法审查逐渐强调宪法宽松解释，并给予立法机关足够的空间进行社会和

---

① Nik Brandal，Qivind Bratberg，Dag Einar Thorsen，*Welfare State and Constitutionalism-Nordic Perspectives*，Copenhagen：Nordic Council of Ministers，2001，p. 256.

② Administrative Court of Hame，1 June 1999 no. 368/3.

经济方面的立法。那么,在欧洲一体化时期,这是否意味着司法审查在社会经济领域已经"无用武之地"了呢？如果不是,司法审查又应当如何实施呢？即司法审查应当在何种范围和程度介入社会经济文化的立法领域？对此,考察北欧,主要有以下三种情形。

一、如果存在歧视现象

根据一般原理,立法机关的职责和权力在于从总体上进行经济立法。而司法的功能在于确保具体个体在政治和经济领域不受多数主义的干涉,即通常所说的防止"多数人暴政"。如果经济领域出现了对具体个体的歧视,这个时候司法审查也就成为必要了。在挪威的博尔森(Borthen)案里,挪威法院就指出,立法如果对特别群体优待或歧视,就与宪法相冲突。① 在丹麦也一样,经济立法中如果存在歧视性条款,就会导致严格的审查。② 在欧洲人权法院,虽然法院表现得相当谨慎,但这是在没有存在歧视性条款的前提下,如果某一立法条款存在歧视情形,则欧洲人权法院也会采取严格的司法审查。③

二、如果触及核心基本权利

虽然北欧国家对经济立法采取极为宽松的司法审查,同时也并不将财产权纳入优先权的范围,但是一旦经济立法或对财产权的限制触及公民的核心基本权利,那么,司法审查就会变成一种严格审查。在挪威的电

---

① Rt. 1996.1415, see Nik Brandal, Qivind Bratberg, Dag Einar Thorsen, *Welfare State and Constitutionalism-Nordic Perspectives*, Copenhagen: Nordic Council of Ministers, 2001.

② Ugeskrift for Retsvoesen 1987.1H, see Nik Brandal, Qivind Bratberg, Dag Einar Thorsen, *Welfare State and Constitutionalism-Nordic Perspectives*, Copenhagen: Nordic Council of Ministers, 2001.

③ (ECHR, Reports 1996, vol. Ⅳ, no.14) *Id.*

台(Kjuus)案中,挪威法院强调了政治言论自由作为挪威宪法核心基本权利的地位,经济立法或对财产权的限制如果干预了这一权利,则必受到严格审查。① 在丹麦的暴走族(Biker gang)案中,丹麦法院也强调了不得对结社自由进行干涉。② 欧洲人权法院也以个人自由为核心权利,防止经济立法或对财产权的限制对个人自由的妨害。③

三、为了保护弱势群体

在社会上,精神病患者、囚犯、小孩、少数族裔等群体往往需要特殊的照顾和帮助,自然也需要得到更多的司法救助。同时,这些群体在正常的政治活动中,由于并非多数群体,也容易被忽视,因此更需要司法的保护。在北欧的司法审查实践中,案例法的发展对这些群体给予了更多的关注。如在挪威的电台(Kjuus)案中,挪威法院就特别强调不得歧视少数族裔。④ 在丹麦图勒(Thule)案中,丹麦法院认为对图勒居民的补偿不仅仅是经济补偿,更重要的是对他们个人整体的补偿。⑤

---

① Rt 1997.18120, see Nik Brandal, Qivind Bratberg, Dag Einar Thorsen, *Welfare State and Constitutionalism-Nordic Perspectives*, Copenhagen:Nordic Council of Ministers,2001.

② Ugeskrift for Retsvoesen 199.1798 H, see Nik Brandal, Qivind Bratberg, Dag Einar Thorsen, *Welfare State and Constitutionalism-Nordic Perspectives*, Copenhagen:Nordic Council of Ministers,2001.

③ ECHR,vol.28,1978, see Nik Brandal,Qivind Bratberg,Dag Einar Thorsen, *Welfare State and Constitutionalism-Nordic Perspectives*,Copenhagen:Nordic Council of Ministers,2001.

④ Tt.1979.1079, see Nik Brandal, Qivind Bratberg, Dag Einar Thorsen, *Welfare State and Constitutionalism-Nordic Perspectives*, Copenhagen:Nordic Council of Ministers,2001.

⑤ Nik Brandal, Qivind Bratberg, Dag Einar Thorsen, *Welfare State and Constitutionalism-Nordic Perspectives*, Copenhagen:Nordic Council of Ministers,2001.

第四节　福利观：个体权利 VS 普遍主义

20 世纪上半叶是一个动荡的时期。第一次世界大战后,1929 年由美国华尔街金融危机所引发的全世界范围的经济危机又暴露了原先自由放任的资本主义发展模式的内在矛盾。这场经济危机促使欧美社会各界开始反思资本主义制度所暴露的问题,并从各个领域提供解释和药方。其中最著名的就是凯恩斯主义和罗斯福新政。不过,欧美世界刚刚从危机中走出来,又陷入了第二次世界大战。一系列的惨痛经历使得西方各国都在讨论如何保护社会的弱者、如何维护社会的团结、如何保证社会的持续发展。① 正如英国学者霍德华·格伦内斯特所指出的:"在大多数欧洲国家,当然包括英国,政治就是社会政策。"②所谓"社会政策",即福利国家建设。

"福利国家"这个词源于 19 世纪的德国。1870 年,德国历史学家描述俾斯麦政策时创造了一个词"福利国家"。社会民主天然地会与福利制度相结合。诚如丹麦著名学者埃斯平·安德森所说的:"社会民主政党所追求的是建立最高标准的平等的福利国家。"③北欧国家以完善的福利制度著称,而福利所涉及的往往是医疗、住房等社会权。事实上,福利制度并非北欧所特有。特别是西方社会在遭受世界大战的破坏后,建设福利国家成为人们共同的心愿,这是 20 世纪的重要政治现象,在自由主义非常浓厚的国家,如英国和美国也是如此。对此,埃斯平·安德森将福利国家分为三类:一是自由主义国家的福利模式,以英国、美国、加拿大等英语

---

① 参见刘玉安:《告别福利国家——九十年代以来西欧社会民主党社会政策改革研究》,山东人民出版社 2015 年版,第 33 页。

② 参见[英]霍德华·格伦内斯特:《英国社会政策论文集》,苗正民译,商务印书馆 2003 年版,第 132 页。

③ G. Esping-Andersen, *The Three Words of Welfare Capitalism*, Oxford: Polity Press, 1990, p. 27.

系国家为典型代表。这些国家只为"最需要的人"提供福利,即福利给付对象主要是低收入者、依靠国家救助的受保护者。二是保守型福利国家模式,以德国、法国、奥地利为典型代表。这些国家以参与劳动市场的社会保险缴费记录为获得社会福利资格的前提条件。三是社会民主主义模式的福利制度,以北欧国家为典型代表。其突出特点是向所有国民提供无差别的福利。① 那么,自由主义的福利模式与社会民主主义的福利模式有什么区别呢? 换言之,它们所遵循的基本原则和路径有什么不同呢?

实际上,福利国家还涉及一个核心概念,即社会权。可以说,福利国家建设的历史就是社会权兴起的历史,两者之间是紧密联系且又相互交融的关系。一方面,福利国家的形成从某种程度上讲是社会立法确保公民获得社会保障权、健康权等的结果;另一方面,福利国家建设的深入又极大扩展了社会权的内容和范围。根据 T. H. 马歇尔的观点,社会权之所以被认可,是因为其主要理论基于公民权的另一侧面,即社会公民权。② 社会公民权,简单理解就是公民作为个体有权获得社会安全、医疗、住房等社会福利,它本质上是一种与人身权、自由权相同的个体权利,可以归入宪法层面的基本权利范畴,也就是说,它是一种具有司法可诉性的个体基本权利。自由主义模式下的社会福利就是社会公民权的体现。那么,社会民主模式下的社会福利是社会公民权的体现吗? 对此,下文将从北欧国家的经验来分析。

一、集体社会正义,而非个体社会权

北欧国家的福利制度建设始于 20 世纪 30 年代后期。北欧通过凯恩斯主义经济政策摆脱经济危机后,开始了大规模的福利制度建设。虽然

---

① 朱旭红:《论社会民主主义的历史演进》,社会科学文献出版社 2014 年版,第82—83 页;G. Esping-Andersen, *The Three Words of Welfare Capitalism*, Oxford: Polity Press, 1990, pp. 30-31.

② 参见[英]T. H. 马歇尔、安东尼·吉登斯等:《公民身份与社会阶级》,郭忠华、刘训练编,江苏人民出版社 2008 年版。

第二次世界大战的爆发对北欧各国也产生了巨大的影响,甚至使其福利制度建设一度中断,但是由于战争并没有大范围波及北欧,北欧基本的工业基础设施都相对完好,加上战后马歇尔计划的援助,北欧很快进入社会民主福利国家建设的黄金时期。对于北欧福利制度所遵循的基本原则和路径,可以从瑞典与芬兰两国的相关社会福利法案来探析。

1946 年,瑞典通过了新的《国家退休金法案》,其目的就是构建一个全方位、平等和充足的退休养老方案。1945 年瑞典议会社会政策委员会的报告指出:"关于社会政策领域中的其他国家措施,一方面应研究福利水平和他们提出的要求是否公正合理,另一方面应研究如何把现有措施扩展到至今还未被囊括的群体。"①对于后来在 1947 年通过的《全国医疗保险法案》,1944 年瑞典议会社会政策委员会的报告指出:"以这样的方式区分不同的社会群体,即在他们的社会责任和权利方面,委员会认为这是不可取的……它不能满足社会正义的要求。"②

1956 年芬兰《国家退休金法案》的政府提案指出:"由于养老金的补充津贴对公共经济构成了巨大且不断增长的压力,因此有必要谨慎地调整其在不同养老金领取者群体之间的公平分配。"③1960 年芬兰议会退休委员会指出:"尽管委员会按照其任务分配着重于私营部门雇员的养老金保障问题,但委员会仍希望声明自身的原则立场是,所有人口当然都享有平等的老年保障权和其他社会保障福利。"④

1962 年芬兰《医疗保险方案》的政府报告也讲道:"在现代社会中,国家有责任确保每个公民的生活得到充分保障。芬兰的社会保障体系在某些方面令人满意,而在某些方面(首先是疾病预防)却严重滞后。"⑤

1982 年社会民主福利制度受到挑战后,芬兰通过了新的《社会救助法

---

① Sweden,*Socialvardskommittens Betankande Ⅺ* , 1945,p. 8.

② Sweden,*Socialvardskommittens Betankande XII* , 1945,p. 8.

③ Finland,*Hallituksen Esitys*,1955, p. 6.

④ Finland,*Elakekomitean,Mietinti*,1960,p. 7.

⑤ See Toomas Kotkas, Kenneth Veitch, *Social Rights in the Welfare State*, London:Routledge,2017,p. 19.

案》,新法案的主要目标是"维护人民获得社会保障的权利和提升人民的生活水平","这些目标的实现有赖于国家责任的增加,以及家庭和其他亲密社区的一起努力。另外,要使公民拥有更有效的社会服务体系和更多的经济支持,就不可能简单地在社会的帮助下实现这些目标,同时,还必须支持个人的独立应对,以及增强公民相互之间的团结和责任感。公民权利也必须比以往更加明确地得到加强。社会关怀的目标是争取社会正义与平等"。①

二、宪法层面个体社会权在北欧的出现

随着社会民主开始逐渐衰落,且传统意义上的北欧社会民主已不复存在,北欧各国的社会民主福利模式也开始逐渐转变为自由主义的福利模式,即个体社会权在北欧逐渐变成一个普遍现象。因为社会权本质上是具有司法可诉性的宪法权利,因此,北欧国家自然也就产生了社会权的入宪问题。

关于社会权能否入宪的问题,瑞典在20世纪30年代就已开始在议会中讨论。到了1974年瑞典宪法改革时,社会权被加入《瑞典政府组织法》。不过值得注意的是,这时社会权只是"目标",而非个体权利,理由如下:第一,传统上瑞典宪法并非个体主义式的宪法,而主要是为立法做指引;第二,也是最为关键的原因,当时执政的社会民主党坚决反对社会权入宪。②

事实上,在20世纪70年代芬兰的宪法改革讨论中也触及了是否要在宪法层面上纳入社会权的问题。当时的芬兰宪法改革委员会指出:"经济、社会和文化权的实现对于公民的幸福和生活质量相当重要,譬如保证宪法上的政治权利。"③关于第二代权利(社会权)列表,在芬兰第二届宪

---

① See Toomas Kotkas, Kenneth Veitch, *Social Rights in the Welfare State*, London:Routledge,2017,p.19.

② See Toomas Kotkas, Kenneth Veitch, *Social Rights in the Welfare State*, London:Routledge,2017,p.25.

③ See Toomas Kotkas, Kenneth Veitch, *Social Rights in the Welfare State*, London:Routledge,2017,p.20.

法改革委员会的讨论中也同样出现。不过,直到 20 世纪 90 年代芬兰签署《欧洲人权公约》和加入欧盟后,第二代权利(社会权)列表才真正纳入宪法,此即 1995 年的芬兰宪法改革。

1999 年,芬兰制定了第二部宪法。这部宪法除了大量增加社会权条款外,最大的特点是这些社会权方面的条款可以作为司法裁判的直接适用规则。例如,1999 年芬兰宪法的第 19 部分第 1 和第 2 款规定,立法没有尽到义务保障个体社会权,那么个体就权向法院起诉,请求保障自己的权利。

由上述例子可知,北欧各国推行福利制度所遵循的原则主要是社会正义。社会正义的观念在福利制度建设中扮演了核心角色,国家有责任照顾所有的公民表达社会民主的远大理想,即团结、社会正义和集体权利等社会民主的主张、原则和诉求。社会正义所体现的是社会各群体之间的团结,而不是个体获得社会福利的权利。在这里,作为个体的公民并没有获得司法上的可诉的权利。社会民主主义福利模式所关注的是作为整体的公民群体甚至是阶级,是一种集体主义的福利模式。它体现了国家和社会的责任,而不是个体权利。北欧国家所推行的福利制度主要是指一种基于普遍主义的由议会立法推动的福利制度,而非宪法层面的权利制度。北欧国家要对整个社会的安全和全体公民的权利负责,虽然北欧国家也强调社会权利,但这种权利的保障并非通过宪法上的保护来实现的,而是通过议会民主过程来实现的。

三、社会权之司法化的理论与实践争议

(一)法学理论争议:立法保障 VS 宪法保障

根据经典的宪法原理,宪法的基本职责在于限制国家权力、保障个体的自由权,其前提和目的都是实现个人自治,完善和促进个体的自我发展。如果社会权入宪,那就意味着宪法要承担新的角色,而不是只限于上述功能,即宪法可能要像普通立法那样去承担一种社会职责。特别是 20

世纪后,随着社会民主、福利国家和行政国家的强大,宪法功能和职能开始出现很大的改变。由各种政治宣言与国际公约可知,社会民主主张或社会权在内容和范围上存在广泛性的特征。那么,应在多大程度上将这些积极权利列入权利的目录就变成了一个棘手的问题。① 特别是将这些积极权利列入宪法,这相当于确定国家的积极职能是一个权利问题,而不是政治或道德问题。此外,权利问题涉及法律解释问题,即特定宪法是否包含积极权利。② 此外,关于国家积极义务的确切程度及应采用的手段,也存在着很大的争议。③

从目前来看,大多数当代国家虽然认可社会国家,并在普通法律体系里存在大量受教育权、社会保障权以及其他社会权利的条款,但对于是否需要将社会权宪法化的问题,仍然没有统一的意见。④ 反对将社会权纳入宪法文本的最大阻力来自以个人主义文化和政治哲学为主导的社会,根据这些个人主义理论,宪法的根本目的是限制国家权力而不是扩大其权力范围。根据这种观点,宪法既不应包含社会权,也不得以承认社会权的方式加以解释。⑤

(二)法院在司法实践中的困境

事实上,就第一代人权而言,不管是言论自由、人的尊严还是生命权等,保障这些权利一直以来都是法院的事务,法院天然地去处理这些事务。换言之,法院非常好地被训练去处理这些事务。法院只要基于法治

① See Katharine Galloway Young, *Constituting Economic and Social Rights*, Oxford: Oxford University Press, 2012, pp. 1-2.

② See Matthias Klatt, "Positive rights: Who decides? Judicial review in balance," *International Journal of Constitutional Law*, vol. 13, no. 2(2015).

③ See Murray Wesson, "Disagreement and the Constitutionalisation of Social Rights," *Human Rights Law Review*, vol. 12, no. 2(2012).

④ See Forbath W. E., "Constitutional Welfare Rights: A History, Critique and Reconstruction," *Fordham Law Review*, vol. 69, no. 5(2001).

⑤ See Kavanagh A., "Social Rights under the Constitution-Government and the Decent Life by Cecile Fabre," *Journal of Law and Society*, vol. 29, no. 2(2002).

原则就可以了,这是一种简单的司法判断过程。但法院如果处理第二代人权,则往往会遇到如下问题。

第一,这会导致法院对国家财政分配的过多干预,并且破坏权力配置关系。实际上,第一代人权所涉及的是人与人之间的关系,主要在于消除妨害,因此并不涉及国家的财政负担,但是社会权往往意味着国家的财政支出。为了保障社会权,国家往往会动用财政资源和其他人权,这里会涉及金钱和自由,还会涉及第三方利益和关系。① 因此,如果法院做出了保障社会权的决定,往往就意味着国家会有一大笔的财政支出。但这种财政安排实际上已经超出了法院的职责,同时也破坏了权力分立,因为这也是一种命令立法机关的行为。由此,一般认为,根据民主原则和宪法对权力的分配,对积极权利的保护应该更多倚赖于民主过程而非司法过程。

第二,法院对社会权的司法可执行性问题。一是法院对具有高度政治影响的复杂问题的判断能力不足;二是法院不像立法机关那样,拥有处理各种信息的大型官僚机构的支持;三是财政安排也不是法院的强项,而是立法机关的强项。

---

① Matthias Klatt,"Positive rights:Who decides? Judicial review in balance," *International Journal of Constitutional Law*, vol. 13, no. 2(2015).

第五章　北欧司法审查制度与实践的普遍意义

本章以前文得出的结论为基础,探讨北欧司法审查制度与实践的普遍意义,主要从司法审查与议会主权的关系、司法审查与社会民主的关系、司法审查与国际条约的关系这三个方面入手。

第一节　司法审查与议会主权

北欧司法审查通过细致的制度设计,将深厚的历史传统与现代法治原则相结合,以适应社会发展的需要。这不仅增进了公民对法律和正义的信任,也为其他国家提供了值得参考的经验。北欧五国的司法审查制度根源于北欧国家特有的政治、社会和法律历史。这一制度并非一蹴而就,而是在漫长的时间里逐渐发展而来的。虽然丹麦、瑞典、挪威、芬兰和冰岛在司法审查的具体实践上各有不同,但它们共享一个核心目标:确保法律和行政行为符合法治的原则,同时推动社会的公平与正义。

北欧司法审查与议会主权之间的相互作用展现了一种独特的平衡机制。法院具有对立法和行政决策进行审查的权力,而这并不影响议会作为立法权力核心的地位。相反,司法审查作为议会权力的一种补充,增强了法律制度的完整性和多元性。这种安排既表达了对代表机关之决策的尊重,同时也确立了法治的根本原则,即所有的立法和行政行为都必须受到约束。通过实施司法审查,北欧国家坚持了法治的高级原则,强调了无论是国家机关还是个人,都必须在法律框架内行动。这种做法不仅保障了公民权利不受无理侵犯,还促进了法律体系的持续进步。

法院通过对现行法律的审查,能够及时发现并指出立法中存在的问题和不足,推动立法的改革和法律的更新,从而使法律体系更加适应社会发展的需求。司法审查的引入并不意味着对议会立法权的削弱,而是作为一种重要的监督和平衡机制,确保所有的立法和行政决策都不会偏离法治轨道。通过这种专业和法律的视角,司法审查有助于确保国家权力的运行既透明又负责任。这一制度的实践不仅增强了北欧法律体系的稳定性和可预测性,还提升了公众对法律和正义的信任。

这种平衡主要通过采用"不予适用"模式实现,该模式允许法院在特定情况下选择不与宪法相抵触的法律,而无须直接挑战议会的立法权威。这种方法有效地缓和了议会主权与司法审查之间的潜在矛盾。此种做法的巧妙之处在于,它既保留了议会制定法律的主导地位,又赋予了法院以宪法为依据对立法进行监督的权力。通过这种方式,北欧国家成功地维持了一个既尊重立法过程,又强调宪法至上原则的法律体系。这样的体系既不削弱议会的立法权力,也确保了法律的制定和执行不会侵犯宪法。进一步来说,这种"不予适用"模式还体现了法律制度内部的智慧和灵活性。它允许法院在审查过程中通过具体案件的审理,有针对性地解决法律应用中的矛盾,而不必采用更为激进的手段,如宣布某项法律完全无效。这种方法既维护了法律的稳定性,又保证了司法的独立性和公正性,同时也避免了政治体系内部的潜在冲突。

北欧模式不仅是对法律和政治科学理论的贡献,也为全球各国提供了实践中如何处理立法权和司法审查之间关系的有效案例。北欧模式提供了一个兼顾立法权威和司法审查必要性的有效范例,为全球法律和政治科学理论以及实践提供了宝贵的经验和见解。这一模式强调了制度设计的重要性,以及在维护法律完整性和适应性方面,合理实施司法审查的必要性。对于那些努力平衡立法权力和司法监督的国家来说,北欧模式提供了重要的参考和启发。它表明,通过合理的制度设计和审慎的实施策略,可以建立一个既尊重立法和政府决策过程,又能够有效监督和纠正立法与政府行为的法律体系。

第二节 司法审查与社会民主

北欧经验充分展示了社会民主理念如何深刻影响司法审查制度,这种影响不仅在制度的设计层面上有所体现,而且在司法审查的具体实施和执行强度上显而易见。具体来说,19世纪末到20世纪初,挪威和丹麦等北欧国家司法审查制度的发展和完善,在很大程度上受到了美国宪法理论与实践的启发。在此过程中,北欧的法学学者通过撰写和发布学术著作,传播了美国的司法审查理念,强调了对立法权的必要限制。这种理念的传播促进了北欧各国根据自己的具体情况和需要,形成了具有各自特色的司法审查制度。这些制度的建立和发展,使北欧国家在司法审查方面采取了更为积极的态度,对立法和行政行为进行了严格的审查。这一做法的主要目的是确保所有的法律和政策决定均不违反法治的基本原则。通过这样的实践,北欧国家在全球范围内树立了司法审查和法治保护的典范,为其他国家提供了宝贵的经验和参考。

随着社会民主在北欧地区崛起并成为主要政治力量,这一政治思潮给司法审查制度的应用带来了深刻的变革。社会民主倾向于强调立法机构的领导作用及社会福利政策的推进,因此对司法审查持有一种谨慎的立场。在这种思想的影响下,北欧国家在实施司法审查时表现出了对立法权的极大尊重,尤其在经济和社会政策的制定上,法院在介入立法过程的行动上显得更为保守。挪威的情况尤其明显,在社会民主政党长期执政期间,其司法审查进入了一个较为低调的阶段。在审理涉及社会经济改革的案件时,挪威最高法院展现了更多的自我谦抑,注重在经济权益和个人自由之间找到一个平衡点。此外,通过实行所谓"优先权理论",挪威和丹麦的司法审查体系在某种程度上表达了对立法决策的尊重和容忍,反映了对立法机关权威的高度认可。与此相对照的是冰岛的情形,由于冰岛没有经历社会民主党的长期统治,其司法审查制度在"二战"期间及战后表现出更为活跃的态势,尤其是在人权保护方面的案件处理上显得更为积极。这种差异凸显了社会民主政治力量对司法审查活动的制约效应。

北欧经验教训表明,在设计社会政策时,重要的是要保持立法权力和司法审查之间的平衡,确保它们不仅反映社会的价值观,同时也不违背法治的基本原则。此外,北欧的实践强调了司法审查应当有其明确的界限和目的,特别是在处理涉及广泛社会福利和经济政策的领域时,避免司法权无限制地介入立法和行政决策过程。北欧国家的司法审查实践同样突出了在社会福利扩张与个人权利保护之间寻求平衡的重要性。这为那些旨在扩大社会福利政策同时又希望保护个人基本权利的国家提供了实践指导。

综上所述,社会民主的兴起在北欧各国引发了对司法审查制度的根本性反思和调整。通过更加重视立法机关的角色,以及在经济和社会政策制定中对法院干预的限制,这些国家展现了对法治原则和社会公正目标之间平衡的追求。北欧国家在社会民主影响下的司法审查实践,为全球提供了如何在强化民主原则与维护法治之间找到恰当平衡的示范,也为其他国家处理立法与司法的关系提供了极具价值的参考。

第三节　司法审查与国际条约

随着欧洲一体化进程的深化,特别是北欧国家加入欧洲经济区、签署《欧洲人权公约》以及适用欧盟法,这些地区的司法审查制度经历了显著的变革。在这一过程中,北欧的国内法院似乎变身为欧洲范围内的法院,因为法源体系发生了根本性的变化。这一转变的背后,是北欧法官对法源国际化层面的日益重视,国际法和外国法成了极其重要的法源。相应地,案例法和法律解释的重要性日益凸显,这不可避免地降低了北欧国家国内立法在其法律体系中的地位,同时也意味着北欧国家政治更加倾向于司法领域的影响和调整。

首先,欧洲法对北欧国家国内法而言,具有至上和直接的效力。这一点对权利保障至关重要,因为这些国际条约为普通公民提供了超越国内法的权利保护。公民可以直接向法院提出诉求,保障个体利益,实现了从立法保障到宪法保障的飞跃。这种变化不仅体现在法律的适用和解释上,而且体现北欧国家法律和政治结构的动态发展上,以及个体与国家之间权利保障的关系上。通过将国际法规和标准纳入国内法律体系,北欧国家强化了对人权和法治的承诺。欧洲一体化带来的这种影响,促使这些国家在审查国内法律与国际条约之间的一致性时,更加重视国际义务的履行。

其次,公民通过法院对自己的权利进行主张和保护的能力增强了,这标志着个体权利保护机制的变革。在传统的立法保障模式下,个体权利的保护往往依赖于立法机构的主动作为。而在司法审查活跃的新模式下,公民可以直接利用国际条约中的权利标准,对国内法律和政府行为进行挑战,这无疑强化了个体在法律面前的主体地位。

再次,欧洲一体化进程中的司法审查复兴,实际上推动着北欧国家治理模式的转型。传统上,北欧国家依靠社会民主和立法机构来实现公共政策目标和权利保护。然而,随着司法审查机制的强化,国家治理越来越多地涉及司法判断和解释,这要求法官在考虑国际法和欧洲法的同时,平衡国内法的适用。这种转型不仅增加了法律体系的复杂性,也提高了对法官专业能力的要求。在这个转型过程中,传统的以立法为中心的权利保护机制逐渐向司法保障倾斜。这种变化不仅提升了法院在国家治理中的地位,也要求立法、执行和司法之间进行更加紧密的协调与合作。这种协调与合作的核心是确保法律的一致性和连贯性,同时也保障公民权利的有效实施。

最后,欧洲一体化进程还体现了全球化对北欧国家内部政治法律制度的深远影响。随着国际法规在北欧国内法律体系中的地位日益重要,国家之间的法律和政策协调也变得更加难以避免。全球化不仅促进了跨国界的经济和文化交流,也在政治法律领域产生了深刻影响。在这个过程中,北欧国家司法审查的活跃,可以视为对全球化趋势的一种积极响应。这种响应不仅体现在接受和融入国际法规,更体现在构建了一个更加开放、透明和公正的司法审查体系,为公民提供了更加广泛和有效的权利保护。

通过这种方式,北欧国家不仅在法律层面上融入了欧洲和国际社会,同时也在政治和社会层面上展示了对法治和人权的承诺。这一承诺不仅反映在对国际条约的尊重和执行上,也体现在对其国内法律体系的持续改进和完善上。北欧国家强化了公民作为法律主体的角色,提升了他们通过司法渠道实现权利保护的能力。同时,这也意味着北欧国家的法律体系变得更加灵活,能够适应国际法律环境的变化,同时能够确保国内政策与国际义务的一致性和协调性。

综上所述,随着欧洲一体化的深入,北欧国家的司法审查制度经历了从国内向国际转变的重大过程,这一过程不仅影响了法律体系的结构和功能,也深刻影响了公民的权利保护和国家的治理模式。这种变革展示了北欧国家法律和政治结构在全球化背景下的适应性和动态发展,同时也强调了在现代国家治理中维护法治和保护人权的重要性。北欧国家在这一过程中的经验和做法,为其他国家面对全球化挑战和机遇提供了宝贵的参考和启示。

参考文献

一、中文译著

[1] 考文.司法审查的起源[M].徐爽,编.北京:北京大学出版社,2015.

[2] 罗思坦.正义的制度:全民福利国家的道德和政治逻辑[M].勒继东,丁浩,译.北京:中国人民大学出版社,2017.

[3] 威斯蒂.北欧式民主[M].赵振强,陈凤诏,胡康大,等译.北京:中国社会科学出版社,1990.

[4] 哈耶克.个人主义与经济秩序[M].邓正来,译.北京:生活·读书·新知三联书店,2003.

[5] 格伦内斯特.英国社会政策论文集[M].苗正民,译.北京:商务印书馆,2003.

[6] 黑勒.国家学的危机:社会主义与民族[M].刘刚,译.北京:中国法制出版社,2010.

[7] 洛克.政府论:下篇[M].叶启芳,瞿菊农,译.北京:商务印书馆,1981.

[8] 孟德斯鸠.论法的精神[M].张雁深,译.北京:商务印书馆,2020.

[9] 马克思,恩格斯.马克思恩格斯选集:第1卷[M].中共中央翻译局,译.北京:人民出版社,1995.

[10] 萨托利.民主新论:上卷[M].冯克利,阎克文,译.上海:上海人民出版社,2015.

[11] 卢梭.社会契约论[M].何兆武,译.北京:商务印书馆,2003.

[12] 汤普森.社会民主主义的困境:思想意识、治理与全球化[M].贺和

风,朱艳圣,译.重庆:重庆出版社,2008.

[13] 马歇尔,吉登斯,休伊特,等.公民身份与社会阶级[M].郭忠华,刘训练,编.南京:江苏人民出版社,2008.

[14] 迈尔.社会民主主义导论[M].殷叙彝,译.北京:中央编译出版社,1996.

[15] 勃兰特,克莱斯基,帕尔梅.社会民主与未来[M].丁冬红,白伟,译.重庆:重庆出版社,1990.

[16] 熊彼特.资本主义、社会主义与民主[M].吴良健,译.北京:商务印书馆,2017.

[17] 比克尔 M.最不危险的部门:政治法庭上的最高法院[M].姚中秋,译.北京:北京大学出版社,2007.

[18] 伊利.民主与不信任:关于司法审查的理论[M].朱中一,顾运,译.北京:法律出版社,2005.

[19] 罗尔斯.正义论[M].何怀宏,译.北京:商务印书馆,2010.

二、中文专著

[1] 陈端洪.制宪权与根本法[M].北京:中国法制出版社,2010.

[2] 曹长盛.民主社会主义模式比较研究[M].长春:东北师范大学出版社,1996.

[3] 童建华.英国违宪审查[M].北京:中国政法大学出版社,2011.

[4] 高峰,时红.瑞典社会民主主义模式:述评与文献[M].北京:中央编译出版社,2009.

[5] 殷叙彝.社会民主主义概论[M].北京:中央编译出版社,2011.

[6] 李永清.当代民主社会主义[M].北京:中国广播电视出版社,1991.

[7] 社会党国际文件集编辑组.社会党国际文件集[M].哈尔滨:黑龙江人民出版社,1989.

[8] 林来梵.宪法审查的原理与技术[M].北京:法律出版社,2009.

[9] 林来梵.宪法学讲义[M].北京:法律出版社,2011.

[10] 李强.自由主义[M].北京:东方出版社,2015.

[11] 刘玉安.告别福利国家:九十年代以来西欧社会民主党社会政策改革研究[M].济南:山东人民出版社,2015.

[12] 刘琳,刘晓玲,周笑冰,等.没有"主义"的北欧[M].深圳:海天出版社,2010.

[13] 任军锋.超越左与右?:北欧五国政党政治比较研究[M].上海:上海三联书店,2012.

[14] 王祖茂.当代各国政治体制:北欧诸国[M].兰州:兰州大学出版社,1998.

[15] 王磊.宪法的司法化[M].北京:中国政法大学出版社,2000.

[16] 向文华.斯堪的纳维亚民主社会主义研究[M].北京:中央编译出版社,1998.

[17] 朱旭红.论社会民主主义的历史演进[M].北京:社会科学文献出版社,2014.

[18] 周弘.福利国家向何处去[M].北京:社会科学文献出版社,2006.

[19] 张千帆,包万超,王卫明.司法审查制度比较研究[M].南京:译林出版社,2012.

[20] 张千帆.宪法学导论:原理与应用[M].3版.北京:法律出版社,2014.

[21] 张千帆.宪法学讲义[M].北京:北京大学出版社,2011.

[22] 张千帆.美国联邦宪法[M].北京:法律出版社,2011.

三、中文论文

[1] 陈乐民.从伯恩施坦到布莱尔[J].方法,1999(1):36-38.

[2] 程雪阳.司法审查的第三条道路:弱司法审查的兴起、发展及其中国意义[J].甘肃行政学院学报,2011(5):99-115,128.

[3] 高放.如何看待民主社会主义的发展[J].科学社会主义,2003(2):37-41.

[4] 胡绳.社会主义和资本主义的关系:世纪之交的回顾和前瞻:纪念党的十一届三中全会召开二十周年[J].中共党史研究,1998(6):1-2.

[5] 韩大元.从法律委员会到宪法和法律委员会:体制与功能的转型[J].华东政法大学学报,2018,21(4):6-12.

[6] 何海波.没有宪法的违宪审查:英国故事[J].中国社会科学,2005(2):109-122,206.

[7] 季卫东.合宪性审查与司法权的强化[J].中国社会科学,2002(2):4-16,205.

[8] 凯尔森.立法的司法审查:奥地利和美国宪法的比较研究[J].张千帆,译.南京大学法律评论,2001(1):1-9.

[9] 林来梵.合宪性审查的宪法政策论思考[J].法律科学(西北政法大学学报),2018,36(2):37-45.

[10] 刘松山.违宪审查热的冷思考[J].法学杂志,2004(1):36-44.

[11] 刘凤义,胡春玲.瑞典共享型劳资关系的形成、演变与绩效分析[J].教学与研究,2011(11):55-63.

[12] 王书成.合宪性推定与"合宪性审查"的概念认知:从方法论的视角[J].浙江社会科学,2011(1):51-59.

[13] 阿明.世界社会主义运动的谱系、现状与未来[J].朱美荣,编译.马克思主义研究,2015(10):127-134.

[14] 上官丕亮.当下中国宪法司法化的路径与方法[J].现代法学,2008,30(2):3-16.

[15] 涂用凯,郭艳妮.国际主义:从马克思主义到社会民主主义的嬗变[J].马克思主义研究,2005(6):69-76.

[16] 迈尔.社会民主主义理论的基本原则[J].王泰,摘译.国外理论动态,2003(12):30-32.

[17] 习近平.坚定不移走中国特色社会主义法治道路 为全面建设社会主义现代化国家提供有力法治保障[J].求是,2021(5):4-15.

[18] 许崇德,郑贤君."宪法司法化"是宪法学的理论误区[J].法学家,2001(6):60-65.

[19] 徐崇温.瑞典模式的历史进程和经验教训[J].复旦学报(社会科学版),2007(4):15-24.

［20］晓林.当代西方多元主义理论和政治现象评析［J］.当代世界与社会主义,2001(3):30-37.

［21］张千帆.从宪法到宪政:司法审查制度比较研究［J］.比较法研究,2008(1):72-87.

［22］郑贤君.如何对待宪法文本:法律实证主义与社会实证主义宪法学之争［J］.浙江学刊,2006(3):5-13.

［23］朱学磊.立法前合宪性审查的制度建构:以英联邦国家为考察对象［J］.河北法学,2019,37(11):120-135.

［24］中央党校赴挪威、瑞典考察团."北欧模式"的特点和启示［J］.科学社会主义,2007(6):140-144.

［25］张世鹏.社会民主党与社会民主主义起源探究［J］.科学社会主义,2008(3):132-138.

四、英文专著

［1］ARTER D. Scandinavian Politics Today［M］. Manchester and New York:Manchester University Press,1999.

［2］KIERULF A. Judicial Review in Norway:A Bicentennial Debate［M］. Cambridge:Cambridge University Press,2018.

［3］ACKERMAN B. Social Justice in the Liberal State［M］. New Haven: Yale University Press,1980.

［4］CASTLES F G. The Future of the Welfare State:Crisis,Myths and Crisis Realities［M］. New York:Oxford University Press,2004.

［5］FUKUYAMA F. The End of History and the Last Man［M］. London: Hamish Hamilton,1992.

［6］FABRE C. Social Rights under the Constitution:Government and the Decent Life［M］. Oxford:Clarendon Press,2000.

［7］FOLKETINGET. The Parliamentary System of Denmark［M］. Arhus:Magtudredningen,2003.

［8］ ESPING-ANDERSEN G. The Three Worlds of Welfare Capitalism ［M］. Cambridge：Polity Press，1990.

［9］ ESPING-ANDERSEN G. Politics Against Markets：The Social Democratic Road to Power［M］. Princeton：Princeton University Press，1985.

［10］ KRUNKE H，THORARENSE B. The Nordic Constitutions：A Comparative and Contextual Study［M］. Oxford：Hart Publishing，2018.

［11］ RASMUSSEN H. On Law and Policy in the European Court of Justice［M］. Leiden：Martinus Nijhoff Publishers，1986.

［12］ SARAVIITA I. Constitutional Law in Finland［M］. New York：Kluwer Law International，2012.

［13］ HUSA J，NUOTIO K，PIHLAJAMAKI H. Nordic Law：Between Tradition and Dynamism［M］. Oxford：Intersentia Antwerp，2007.

［14］ NEGELIUS J. Nordic and Other European Constitutional Traditions ［M］. Leiden：Martinus Nijhoff Publishers，2006.

［15］ NERGELIUS J.. The Nordic states and Continental Europe：A Two-Fold Story，in Nordic and other European Constitutional Traditions［M］. Leiden：Koninklijke Brill NV，2006.

［16］ NERGELIUS J. Constitutionalism：New Challenges：European Law from a Nordic Perspective［M］. London：Brill Nijhoff Publishers，2007.

［17］ NERGELIUS J. Constitutional Law in Sweden［M］. New York：Kluwer Law International，2011.

［18］ RENTOUL J. Me and Mine，the triumph of the New Individualism? ［M］. London：Unwin Hyman，1989.

［19］ HUSA J. Nordic Reflections on Constitutional Law：A Comparative Nordic Perspective［M］. Frankfurt：Frankfurt University Press，2002.

［20］ KÁRI Á RÓGVI. West-Nordic Constitutional Judicial Review：A Comparative Study of Scandinavian Judicial Review and Judicial Reasoning［M］. Copenhagen：DJOF Publishing，2013.

［21］ YOUNG K G. Constituting Economic and Social Rights［M］. Oxford：

Oxford University Press,2012.

［22］Fabre C. Social Rights under the Constitution:Government and the Decent Life［M］. Oxford:Clarendon Press, 2000.

［23］SCHEININ M. Welfare State and Constitutionalism:Nordic perspectives ［M］. Copenhagen: Nordic Council of Ministers,2001.

［24］KENNEY S J,REISINGER W M,REITZ J C. Constitutional Dialogues in Comparative Perspective［M］. New York: St. Martin's Press,1999.

［25］MARSHALL T H. Citizenship and Social Class in Sociology at the Crossroads and Other Essays［M］. London: Heinemann,1963.

［26］SHAPIRO M. Courts:A Comparative and Political Analysis［M］. Chicago: University of Chicago Press,1981.

［27］BRANDAL N,BRATBERG Ø,THORSEN D E. The Nordic Model of Social Democracy［M］. London: Palgrave Macmillan,2013.

［28］LETTO-VANAMO P, TAMM D, MORTENSEN B O G. Nordic Law in European Context［M］. Switzerland: Springer Nature,2019.

［29］DELWIT P. Social Democracy in Europe［M］. Brussels:Brussels University Press, 2005.

［30］HELGADÓTTIR R. The Influence of American Theories on Judicial Review in Nordic Constitutional Law［M］. Leiden:Martinus Nijhoff Publishers,2006.

［31］NELSON R H. Lutheranism and the Nordic Spirit of Social Democracy: A Different Protestant Ethic［M］. Aarhus:Aarhus University Press, 2017.

［32］BERMAN S. The Primacy of Politics: Social Democracy and the Making of Europe's Twentieth Century［M］. Cambridge:Cambridge University Press, 2006.

［33］KOTKAS T,VEITCH K. Social Rights in the Welfare State［M］. New York:Routledge,2017.

［34］PATERSON W E,THOMAS A H. The Future of Social Democracy ［M］. Oxford:Clarendon Press,1986.

五、英文论文

［1］FOLLESDAL A，WIND M. Nordic Reluctance towards Judicial Review under Siege［J］. Nordic Journal of Human Rights,2009(27)：131.

［2］MOWBRAY A. The Creativity of the European Court of Human Rights［J］. Human Rights Law Review，2005(5)：1.

［3］Anderson K. M. The Politics of Retrenchment in a Social Democratic Welfare State［J］. Comparative Political Studies,2001(34)：3.

［4］Anton T. J. Policy-making and Political Culture in Sweden［J］. Scandinavian Political Studies,2008(4)：4.

［5］Bernitz. U. Nordic Legislative Cooperation in the New Europe［J］. Scandinavian Studies in Law,2000(39)：29.

［6］CREWE B,LEVINS A,LARMOUR,LAURSEN J,MJALAND K, SCHLIEHE A. Nordic Penal Exceptionalism：A Comparative, Empirical Analysis［J］. The British Journal of Criminology，2023 (63)：424.

［7］HOLMSTROM B. The Judicialization of Politics in Sweden［J］. International Political Science Review,1994(15)：2.

［8］KLITGAARD B. M. Why are They Doing It? Social Democracy and Market-oriented Welfare State Reforms［J］. West European Politics, 2007(30)：1.

［8］CROUCH. The Terms of the Neo-Liberal Consensus［J］. Political Quarterly,1997(68)：4.

［9］CORWIN. The Basic Doctrine of American Constitutional Law［J］. Mich. L. Rev,1914(24)：538.

［10］GARLAND D. On the Concept of 'Social Rights［J］. Social & Legal Studies,2015(24)：4.

［11］ IMMERGUT E. M. The Swedish Constitution and Social Democratic Power: Measuring the Mechanical Effect of a Political Institution ［J］. Scandinavian Political Studies,2002(25):2.

［12］ FORBATH，W. E. Constitutional Welfare Rights: A History, Critique and Reconstruction［J］. Fordham Law Review,2001(69):5.

［13］ ROSSvolL F. The history of the Norwegian parliament［J］. Scandinavian Economic History Review,1966(14):1.

［14］ SAND I. J. Judicial Review in Norway under Recent Conditions of European Law and International Human Rights Law-A Comment ［J］. Nordic Journal of Human Rights,2009(27):2.

［15］ ALBAEK J. Denmark Judicial Review of Legislative Acts［J］. European Public Law,1997(3):3.

［16］ NERGELIUS J. Judicial review in Sweden Law-A Critical Analysis ［J］. Nordic Journal of Human Rights, 2009(27):2.

［17］ HUSA J. Guarding the Constitutionality of Laws in the Nordic Countries: A Comparative Perspective［J］. The American Journal of Comparative Law,2000(48):14.

［18］ JHUSA J. Nordic Constitutionalism and European Human Rights-Mixing Oil and Water［J］. Scandinavian Studies in Law, 2010(55):1.

［19］ NOUSIAINEN J. Form Semi-presidentialism to Parliamentary Government: Political and Constitutional Developments in Finland ［J］. Scandinavian Political Studies,2001(24):2.

［20］ THAYER J. B. The origin and scope of the American doctrine of constitutional law ［J］. Harvard Law Review,1893(7):3.

［21］ LAVAPURO J，OJANEN T，SCHEININ M. Rights-based constitutionalism in Finland and the development of pluralist constitutional review［J］. International Journal of Constitutional Law, 2011(9):2.

［22］ BENGT L. The learning State-Mechanisms and procedures for public participation in the legislative process in Sweden[J]. Paper presented at the International Workshop on Public Participation in the Law-making process 15-16 December 2008, Beijing, China.

[23] LEWIN L. Majoritarian and Consensus Democracy: the Swedish Experience[J]. Scandinavian Political Studies,1998(21):195.

[24] MJOSET L. The Nordic Model Never Existed, but Does it Have a Future? [J]. Scandinavian Studies,1992(4):4.

[25] WIND M. Who is afraid of European Constitutionalism? The Nordic distress with judicial review and constitutional democracy[J]. The Danish National Research Foundation's Centre of Excellence for International Courts Forthcoming at Nomos Verlag, 2015.

[26] KLATT M. Positive rights: Who decides? Judicial review in balance [J]. International Journal of Constitutional Law, 2015(13):2.

[27] WESSON M. Disagreement and the Constitutionalisation of Social Rights[J]. Human Rights Law Review, 2012(12):2.

[28] WIND M. Nordic Reluctance towards Judicial Review under Siege [J]. Nordic Journal of Human Rights, 2009(27):2.

[29] GOMARDB. Civil Law, Common Law and Scandinavian Law, Scandinavian Studies in Law, 1961(95):27.

[30] KAVANAGH A. Social Rights under the Constitution-Government and the Decent Life by Cecile Fabre[J]. Journal of Law and Society, 2002(29):2.

[31] ADAMS P. Social Democracy, War, and the Welfare State[J]. J. SOC. & SOC. Welfare,1988(15):27.

[32] HIRSCHL R. The Nordic counternarrative: Democracy, human development, and judicial review [J]. International Journal of Constitutional Law,2011(9):2.

[33] BERMAN S,SNEGOVAYA. Populism and The Decline of Social Democracy[J]. Journal of Democracy,2019(30):3.

［34］GREER S. What is wrong with the European Convention on Human Rights? ［J］. Human Rights Quarterly,2008(30):3.

［35］SAINSBURY D. Swedish Social Democracy in Transition: The Party's Record in the 1980s and the Challenge of the 1990s［J］. West European Politics,1991(14):3.

［36］BERMAN S, SNEGOVAYA M. Populism and The Decline of Social Democracy［J］. Journal of Democracy,2019(30):3.

［37］SUNDBERG J. Civil Law, Common Law and the Scandinavians ［J］. Scandinavian Studies in Law, 1969(13):179.

［38］OJANEN T. From Constitutional Periphery Toward The Center-Transformations of Judicial Review in Finland［J］. Nordic Journal of Human Rights,2009(27):2.

附录　北欧五国基本情况

为方便读者了解北欧五国的基本情况,这里将对北欧的神话故事、历史、人文、工业等做简单介绍。这一综合性介绍,将为读者提供一个全面了解北欧五国的窗口。

一、北欧神话

北欧神话是北欧五国文化中不可或缺的一部分,它汇集了一系列丰富的民间传说和宗教神话故事。这些传说故事不仅包含了对众神与英雄的史诗般叙述,而且深刻地映射了古代北欧人的宇宙观、价值观以及生活方式。宇宙观在北欧神话中占据着核心地位,神话中描述的宇宙由多个不同的领域组成,这些领域既相互独立又紧密相连,包括众神之居所阿斯加德、人类的居住地米德加德、寒冷与黑暗之境尼福尔海姆,以及火焰的穆斯贝尔海姆等。这些世界通过伊格德拉希尔这棵生命之树相互连接,构成了一个多元化却紧密相连的宇宙体系。

北欧神话中的诸神分为两大族群:阿萨神族(Aesir)和瓦尼尔神族(Vanir)。阿萨神族的首领奥丁是智慧、战争和死亡的神,而他的儿子索尔则是雷电之神,以力量和保护人类免受巨人侵害而闻名。奥丁的妻子弗丽嘉是家庭和婚姻的女神。而奥丁的结义兄弟洛基则是一个与欺诈和变化联系在一起的复杂角色。瓦尼尔神族中最重要的女神弗雷亚象征着爱情、美丽和死亡。这些神祇通常代表自然的各种力量和人类生活的各个方面,他们的故事充满了寓意,反映了古代北欧人对自然现象及自身存在的深层次思考。

北欧神话还讲述了宇宙的起源和最终的灾难——诸神的黄昏(Ragnarök)，这是一场预言中的巨大灾难，预示了许多主要神祇的死亡以及世界的重生。宇宙的创世故事始于一个广阔的虚空，称为金恩加格，在这个空旷之地的两侧，分别存在着寒冷的尼福尔海姆和炽热的穆斯贝尔海姆。当这两个世界的元素相遇时，产生了第一个生命——巨人伊米尔。伊米尔的血成为海洋，骨头成为山脉，头骨成为天空，从而创造了世界。诸神的黄昏则描述了预言中的一场灾难性战争，最终导致世界的毁灭与重生，预示着一个新世界的诞生，一些幸存的神祇将重建世界，新的世代将在和平中开始。

北欧神话为我们提供了一个全面了解古代北欧人宇宙观、价值观和生活方式的窗口。这些神话故事不仅是文化遗产，也深深影响了后世的文学、艺术，乃至当代北欧社会的价值观和世界观。北欧神话中的故事和人物角色，经历了世纪的传承，仍然为人们所熟知和喜爱，成为北欧文化中不可分割的一部分。

北欧神话之所以能跨越时代而广泛流传，不仅因为其丰富的想象力和深刻的寓意，也因为它们触及了人性的基本面——对于生命、死亡、英勇、爱情、背叛和重生的探索与表达。这些故事通过神祇和英雄的冒险经历，展现了人类面对困难和挑战时的勇气和智慧，以及在复杂世界中寻求秩序和意义的渴望。北欧神话不仅是对古代宇宙和社会秩序的解释，也是古代北欧人文化认同和自我理解的一种方式。通过这些故事，古代北欧人传达了对自然界的敬畏、对命运的接受以及对英雄的崇尚。同时，诸神的黄昏预言了世界的终结和新的开始，反映了一种对循环和重生的哲学理解，这种理解深植于北欧社会的文化和精神生活中。

在现代，北欧神话继续激发着文学创作、电影制作、艺术设计以及视频游戏开发等领域的创意。从托尔金的《指环王》到漫威宇宙中的雷神索尔，北欧神话的元素被重新诠释和呈现，激发着全球观众的想象力和兴趣。这些现代表现不仅让北欧神话得以在新的时代背景下复活，也促进了人们对北欧文化更深层次的了解和欣赏。北欧神话不仅为我们提供了一个理解古代北欧社会的窗口,还展示了人类共通的文化追求和精神探索。它们是北欧文化宝库中的瑰宝,继续在全球文化中发挥着影响力,激发着新一代的想象力和创造力。

二、历史简述

北欧人的祖先,北日耳曼部落的历史,可追溯到公元前 10000 年至公元前 5000 年间,那是人类早期文明的重要阶段。随着最后一个冰河时期的结束,北欧地区的冰川融化,新的土地变得适宜居住,为早期的人类活动提供了条件。这些部落最初在今天的丹麦和南瑞典地区居住,采用狩猎、捕鱼和采集的生活方式,体现了与自然环境的紧密联系和对资源的依赖。公元前 1000 年左右,随着农业的发展和定居生活方式的兴起,这些地区见证了社会结构和政治组织的初步形成,开启了向更复杂社会形态过渡的历程。

到了公元 8 世纪至 11 世纪的维京时代,北欧地区的历史进入了一段新的里程。维京人以其出色的航海技术和勇士精神著称,他们的航行不限于北欧,还远至英格兰、法兰西乃至北美洲。维京时代的航海探险和贸易活动,不仅促进了北欧与外部世界的联系,也推动了北欧社会和文化的发展。同时,基督教的传播带来了北欧宗教信仰和社会结构的重大变革,影响深远。

中世纪时期,随着瑞典、丹麦和挪威逐步形成独立的王国,北欧地区的政治格局开始明晰。王权的逐渐巩固和王国治理结构的确立,为北欧的统一和发展奠定了基础。芬兰和冰岛的历史轨迹,虽然有所不同,但同样体现了北欧地区在中世纪时期的政治动态和社会变迁。卡尔马联盟的尝试虽然短暂,却反映了北欧国家在对抗外部威胁时寻求联合的努力,尽管内部冲突最终导致了联盟的解散。

宗教改革在 16 世纪为北欧带来了深刻的宗教和社会影响,路德宗的确立也促进了社会和文化的变革。17 世纪和 18 世纪期间,瑞典的崛起和衰落,体现了北欧在欧洲政治舞台上的重要角色和经历的波动。19 世纪民族主义的兴起,推动了挪威、芬兰和冰岛的独立进程,标志着北欧国家在追求自身发展和国家认同的道路上迈出了重要的一步。这一时期的历史变革,不仅塑造了今天北欧国家的政治和社会结构,也为北欧地区的未来发展奠定了坚实基础。

北欧国家在经历了丰富的历史变迁后,逐渐形成了今天我们所熟知的独特的政治和社会格局。挪威、瑞典、丹麦、芬兰和冰岛,这些国家虽然各自拥有独立的政治体系和文化传统,但共同拥有着一种深刻的北欧身份认同。这种认同基于共享的历史和文化遗产。

20世纪对北欧国家来说是一个充满挑战和机遇的世纪。在两次世界大战中,北欧国家虽然力求保持中立,但战争仍然对这些国家的社会经济造成了影响。战后,北欧国家通过积极参与国际合作和构建有效的国内福利政策,成功地重建和发展了自己的社会和经济。特别是在建立社会福利制度方面,北欧国家被认为是全球的典范。

进入21世纪,全球化和信息技术的快速发展给北欧国家带来了新的挑战和机遇。这些国家通过不断创新和调整政策,不仅在经济发展和科技创新方面保持了竞争力,也在应对气候变化、推动可持续发展等全球性问题上展现了领导力。

三、地理、气候与自然资源

北欧五国位于欧洲最北端,拥有独特的地理位置和丰富多样的地形特征。这些地形特征不仅塑造了各自独特的自然景观,也对各国的气候、生态系统以及自然资源的分布产生了深远的影响。

丹麦,作为北欧最小且地形最平坦的国家,位于斯堪的纳维亚半岛的南部。它由日德兰半岛和众多岛屿组成,是连接斯堪的纳维亚和欧洲大陆的重要门户。丹麦平坦的地形和肥沃的土地,为农业提供了良好条件,同时,丹麦还积极开发风能和海洋资源,致力于可持续能源的利用。

瑞典,北欧面积最大的国家,横跨斯堪的纳维亚半岛东部。广阔的森林、湖泊和河流,构成了瑞典丰富的自然资源基础,其中森林资源尤为突出,为瑞典的木材和纸浆产业提供了充足的原材料。瑞典的北部山脉不仅是自然的边界,也是丰富的矿产资源所在地。

挪威,以其壮观的海岸线和峡湾而闻名于世,其沿海地区的温和气候和丰富的海洋资源,支撑了挪威渔业的发展。此外,挪威还拥有大量的石油和天然气资源,这些资源的开发使挪威成为世界上最富有的国家之一。挪威的山脉和丰富的水资源,也使其成为全球最大的水电能源生产国之一。

芬兰,被誉为"千湖之国",其地形以广阔的森林和湖泊为主,这些自然特征不仅塑造了芬兰独特的自然景观,也为其木材和造纸工业提供了丰富资源。芬兰的生态系统丰富多样,拥有大量的淡水资源,是欧洲最干净的水资源之一。

冰岛,是位于北大西洋和北极圈内的岛国,以其火山地貌、地热温泉和冰川而著称。冰岛的地热活动为其提供了丰富的地热能源,这使得冰岛在可持续能源利用方面处于世界领先地位。同时,冰岛的渔业也是其经济的重要支柱之一。

北欧五国的地理、气候和自然资源不仅为各国提供了丰富的物质财富,也深刻影响了它们的文化、经济发展和社会生活。这些国家在利用自然资源和保护生态环境方面的经验与做法,为全球可持续发展提供了宝贵的借鉴。

四、语言

北欧五国的语言是这一地区丰富文化和深厚历史传统的直接体现。这些国家的语言不仅是沟通的工具,也是它们独特文化身份和人文传统的重要标志。语言的发展和演变,密切关联着北欧地区的历史变迁、民族迁移以及文化交流。

瑞典语作为瑞典的官方语言,与丹麦语和挪威语共享了北日耳曼语族的共同特征,语言之间的相似性促进了这些国家之间的文化交流和沟通。瑞典语的独特性,如其特有的重音规则和语音系统,体现了语言与地区文化特征的密切联系。瑞典语的书写体系采用的是扩展的拉丁字母，包含了一些特殊字符，这些特征不仅丰富了瑞典语的表达，也反映出瑞典语的独特性。

芬兰的语言环境尤其独特，它有两种官方语言：芬兰语和瑞典语。芬兰语，作为芬兰-乌戈尔语系的成员，与北日耳曼语族的瑞典语截然不同，显示了芬兰文化的多元性和复杂性。芬兰语语法结构、音系和词缀系统的复杂性，是芬兰语言学的一个重要特点，也是芬兰文化深度和丰富性的体现。

丹麦语是丹麦的官方语言，属于北日耳曼语族，其独特的元音系统和音调变化，不仅让丹麦语的发音具有特色，也体现了语言的音韵美。丹麦语的书写系统同样使用拉丁字母，并融入了特殊字符，这些书写习惯的形成与发展，与丹麦的文化传统和语言接触历史密切相关。

挪威语的多样性反映了该国复杂的地理和社会结构。博克马尔和尼诺斯克作为挪威的两种官方书写形式，体现了挪威方言的多样性和挪威社会对语言多样性的尊重。这两种形式虽然来源不同，但共同构成了挪威丰富的语言特色。

冰岛语作为冰岛的官方语言，保留了许多古挪威语的特点，是北日耳曼语族中保守性最强的语言之一。冰岛语复杂的格系统及与古语言的连续性，不仅是冰岛文化传统的重要组成部分，也体现出冰岛人民对其语言和文化遗产的珍视。

总的来说，北欧五国的语言和人文特征，不仅深植于各国的历史与文化传统之中，也展现了北欧语言的多样性和独特的文化身份。这些语言不仅是沟通的桥梁，也是连接过去与现在、本土与世界的重要纽带。

五、工业

北欧五国的工业和经济结构展现了这一地区在全球经济中的竞争力。这些国家虽然在地理上相邻，但各自拥有独特的经济特点和工业优势，共同促进了北欧经济的强大和多元化。

挪威的经济，特别是自 20 世纪 60 年代北海油田被发现以来，极大地依赖石油和天然气产业。这些资源的出口不仅为挪威带来了巨大的财富，也推动了其经济的快速增长。此外，挪威凭借丰富的水力资源成为全球最大的水电能源生产国之一，奠定了其在清洁能源利用方面的领导地位。挪威的海洋经济，包括渔业、海运业和船舶制造业，也是其经济的重要组成部分，体现了其利用自然资源的能力。

瑞典的工业基础广泛而多元，涵盖了从机械制造到消费电子等多个领域。瑞典公司如伏尔沃、斯堪的纳维亚航空公司、爱立信和宜家在全球市场上享有盛誉，体现了瑞典在创新和品质方面的卓越。特别是在电信和信息技术领域，瑞典的技术创新尤为突出，为全球通信技术的发展做出了重要贡献。瑞典的经济高度依赖出口，其主要出口产品展现了瑞典工业的广泛基础和技术实力。

芬兰在电信和电子工业方面取得了显著成就，以诺基亚为代表的芬兰公司曾在全球手机市场占据领导地位。芬兰的林业和造纸业长期以来是其经济的重要支柱，展示了芬兰在利用自然资源方面的优势。此外，芬兰的高技术产业和环保技术也显示了其在科研创新和可持续发展方面的领导能力。

丹麦以农业和食品加工业而闻名，特别是在畜牧业和乳制品生产方面的成就，展现了丹麦在这一传统领域的专业技能。同时，丹麦在可再生能源特别是风能领域的发展，标志着其在环境技术和清洁能源利用方面的先进地位。丹麦的设计和制造业，如乐高，也是其文化创新和国际影响力的体现。

冰岛虽然是北欧中最小的经济体，但其在地热能和水电能利用方面的成就，使其成为可持续能源利用的典范。冰岛的渔业和旅游业是其经济的重要部分，展现了冰岛利用自然资源的独特能力。此外，冰岛在文化创意产业方面也很活跃，如音乐和文学产业，增添了其经济和文化的多样性。

总的来说，北欧五国的工业和经济结构反映了这一地区对自然资源的深度依赖以及对创新和可持续发展的强烈承诺。这些国家不仅成功地利用了各自的自然资源,如挪威的石油和天然气、芬兰的森林资源、冰岛的地热能源,同时也展示了通过科技创新和高质量教育推动经济多元化和现代化的能力。未来,随着全球经济和技术环境的不断变化,北欧五国将继续依靠其创新能力、可持续发展的承诺以及开放的国际视野,探索新的增长机会和发展模式。这不仅将进一步巩固北欧在全球经济中的地位,也将为其社会带来更加繁荣和谐的未来。

致谢与后记

本书是我在读博士期间的研究结晶,贯穿了我数年的努力与思考。撰写这本书的过程犹如一段漫长而充满意义的旅程。在这一段旅程中,我始终感受到一股无形的力量在引领我不断前行,而这种力量的来源正是我的导师——张千帆教授。因此,首先,我要由衷地表达对张老师的深深感激之情。

张千帆教授是学术界备受尊敬的学者,以其在外国宪法研究领域的深厚造诣和对中国宪法学的卓越贡献而闻名。在我初入学术之门时,张老师就以其独特的学术视野和严谨的治学态度感染了我。他不仅是我学术道路上的指路明灯,更以人格魅力和为人处世的智慧成了我人生中的榜样。老师的言传身教使我受益匪浅,也让我明白了一名学者应有的责任与担当。

记得第一次见到张老师,是在十年前北京大学的课堂上。课间,我带着紧张的心情上去跟张老师聊天。张老师的平易近人和宽厚的微笑迅速消除了我的紧张。在随后的十年里,我有幸成了张老师的学生,并在他的指导下逐渐成长为一名学者。张老师不仅在学术上为我指明了方向,而且在生活中给予我无微不至的关怀。在我远赴瑞典进行学术访问期间,张老师仍然时刻关心我的研究进展,并主动帮助我搜集相关文献资料。这种不遗余力的支持与帮助不仅让我深受感动,也让我在异国他乡感受到了一种家的温暖。

如今,由于工作的原因,我已经离开了北京,来到另一个城市生活与工作,见到张老师的机会也变得稀少。虽然我们见面的次数减少了,但张老师对我的影响却从未减弱。我时常想起在他身边学习的日子,那些在办公室中讨论问题的场景,仿佛都历历在目。

这里,我想再次向张老师表达我最诚挚的感谢。感谢他在我学术生涯中的无私付出,感谢他对我人生的深远影响。张老师不仅是我学术上的导师,更是我人生道路上的良师益友。

此外,我还要感谢陈端洪老师、沈岿老师、王磊老师、王锡锌老师、湛中乐老师、张翔老师、彭錞老师、俞祺老师、左亦鲁老师等多位学者的宝贵建议和修改意见,他们的专业指导对本书的撰写起到了关键作用。同样,我亦感谢黄宇骁博士、周斯佳博士、康骁博士、王子晨博士、满艺姗博士、蔡培如博士等众多同人的精彩建议和深刻见解,他们的贡献对于本书的丰富性和深度不可或缺。特别感谢陈德师弟对本书格式调整所做的努力和付出,他的精细工作为本书的最终呈现增添了光彩。

我还要特别感谢国家留学基金管理委员会对我的研究项目的资助,这份支持对我完成博士学业和本书的写作至关重要。张雅利老师和朱多宁师姐在我研究旅程中提供的帮助和指导也是我成功的重要因素。同时,我也感激 Bengt Lundell 教授和 Vilhelm Pesson 教授在我访学期间对我的悉心指导。他们不仅在学术上给予我极大的支持,还在生活上给予我温暖和关怀,使我能够在异国他乡更专注于研究。

在本书即将面世之际,我要特别感谢浙江工商大学出版社对本书出版工作的全力支持。从书稿的初审到最后的定稿,出版社在每一个环节都严格把关,确保本书能够以最佳的形式呈现给读者。此外,我还要向负责本书审校工作的金芳萍编辑致以诚挚的感谢。金编辑对书稿的每一处细节都进行了认真推敲和校对。她敏锐的眼光和严谨的工作态度,使得书稿中的错误和不当之处得以纠正,从而提升了本书的学术品质和可读性。

在本书的封面设计过程中,我要特别感谢我的妻子陈桑梓。桑梓在封面设计上为我提供了独到的见解,还在多个设计细节上提出了建设性的意见。她敏锐的审美能力和独特的艺术视角,使得封面设计更加贴合本书的主题,既具备学术气息,又不失美感。

在书稿修改的过程中,我不禁沉浸在对北京大学学习和研究时光的回忆之中。燕园的景象,那些青瓦红墙、参天古树,以及宁静祥和的未名湖,都深深烙印在我的记忆里。每一次踏入这个校园,我的心灵都像进行了一次洗礼和回归。北京大学不仅是我学术生涯的启蒙之地,更是我人生中一个无比珍贵的地方。尽管时间流逝,世事变迁,但我对这座学府的眷恋和深情始终如一。这里不仅见证了我成长的每一个瞬间,也是我不断前行的动力和精神支柱,永远珍藏在我心底最柔软的角落。北京大学的每一处景致,都承载着我的学术追求和青春记忆。燕园的每一砖每一瓦、每一树每一草,都见证了我的成长和变化。未名湖畔的宁静,给了我无数灵感和思考,也是我的心灵寻找平静时的避风港。

本书的主体部分是在瑞典隆德大学完成的。回忆在北欧访学的点点滴滴,我心中有万千感激,岁月在指尖畅意舞动。去北欧访学的初期,我仿佛踏上了一次全新的探险之旅。刚到一个陌生的国家,一切都是那么新鲜、稀奇、有趣。我发现,人的快乐其实并不复杂,它可以如此轻松地从尝试新事物中产生,就像小孩子出生时的那种天真欢喜。他们对世间一切事物都充满了好奇和憧憬,从而快乐无比。对我来说,这段国外生活也是如此。一切都是全新的,每一件事都展现出一种神奇的感觉,让我充满乐趣和好奇心。

去法学院

第一次踏入隆德大学法学院,我就被这座位于隆德市中心的城堡式建筑吸引。古老的建筑环绕在一起,让我仿佛置身于一个迷宫。刚开始的几天,我在走廊上不停地绕来绕去,出门后甚至找不到回办公室的路,只能求助图书馆前台的一个学生带我回去。慢慢地,我才熟悉了校园的布局。

教授带我办理入学手续后,又带我到咖啡厅认识大家。第二天,我自己再次来到咖啡厅,却发现昨天介绍过的人都完全记不起来了,我竟然"脸盲"了。更尴尬的是,当他们向我打招呼时,我根本记不得他们是谁,感觉他们的脸看起来都一样。也许这与我第一次见到这么多白人有关。第三天(好像是第三天),教授带我去参加了一个关于中国话题的课程讨论,我惊讶地发现,台上的瑞典老师不仅能够用带有欧洲口音但非常流利的普通话表达,还能流利地说粤语。这让我感受到了东西方文化的碰撞与交流。在隆德大学初期的经历,让我的内心充满了新奇和探索的欲望。

跟老外一起吃饭

过了几天,我就去办公室工作了。那几个邀请我一起购买午餐的小伙伴,后来成了我在瑞典的"死党"。第一天上班,他们邀请我一起去买中饭,我们去了一家由四川大婶经营的外带盖浇饭店,我买了一份牛肉盖饭,约70瑞典克朗。之后,我们在学院的咖啡厅里享用午餐,边喝咖啡边聊天。第二天,他们邀请我参加聚餐。一开始,他们讨论日常话题,说实话,我基本听不懂,只能傻坐在那里。但他们非常友好,问了我一些问题。我突然提出了一个关于文化差异的高深理论。我解释道,不同文化间的差异非常大,例如,自孔子时代起,中国人就注重人际关系,因此中国的文化围绕着人际关系展开,这是中华文化的一个重要方面;而印度则更注重内心世界和对死亡的探讨,无论是印度教、佛教还是近代的克里希那穆提,都探讨了自我和内心的关系;西方文化则主要探讨人与上帝的关系。当我提出这个观点时,他们很惊讶,觉得我很厉害,因为他们第一次听到这样的观点和区分,都觉得新奇。在这样的文化碰撞中,我学到了很多新的知识,也将这些与他们分享,这使我们的交流更加丰富和有趣。

我的办公室

我所在的办公室是一个访问学者的办公室,有五个座位,常常有来自欧美各国的学者在这里交流,他们停留的时间也不等,有的是三个月,有的是半年。在这个办公室里,我结识了许多来自欧美的同事,他们各自带着自己国家的文化和习俗,让我能够深入了解不同国家的风情。其中让我印象深刻的是一位来自纽约的犹太人罗伯特。他已年过七旬,退休前曾从事律师工作,当时在隆德大学攻读博士学位,我认识他时,他差不多快要进行博士论文答辩了。罗伯特是一个喜欢聊天的人,他在办公室里总是找人聊天,有时让其他人感到厌烦。不过,他找到了我,因为我想练习英语,所以很乐意和他聊天,我们经常到咖啡厅里闲聊。慢慢地,我和罗伯特建立了深厚的友谊。在北欧访学期间,和他交流成了我学习英语和了解异国文化的一种方式。与罗伯特的这段友谊也成了我北欧访学回忆中的一段珍贵经历,让身在异国他乡的我体会到了友谊的力量和跨文化交流的魅力。

老外"死党"

Soo-hyun 是一个韩国人,他给了我许多帮助和启发。Soo-hyun 与我第一次见面时,就展现出了出色的英语沟通能力,他的英语流利得让我感到自卑。原来,Soo-hyun 从小就在国际语言学校接受教育,并在美国纽约州立大学获得了学士学位,之后又在东京大学完成了硕士学习,再到剑桥大学攻读博士。Soo-hyun 的妻子是日本人。他拥有丰富的国际交流经验,并在联合国工作过多年。尽管 Soo-hyun 不会说中文,但他懂得阅读中文,并且能够将我的英文表达转换为其他老外易于理解的句子。他在我身边当了几个月的"翻译",帮助我与其他老外进行沟通交流。除此之外,每当有外国朋友的派对活动,Soo-hyun 总会第一时间邀请我参加,通过他的介绍,我慢慢地融入了他们的生活圈子。通过他,我不仅学会了如何与老外交流,还拓宽了自己的国际视野。

Alezini 是一个希腊人,给了我深刻印象,她的个性和气场让我联想到著名哲学家汉娜·阿伦特——我很喜欢读阿伦特的著作。Alezini 总是能够在聚会中成为关注的焦点,她具有非凡的领导气质。我在瑞典的时候,Alezini 给予了我许多帮助,我非常感激她。

Kacper 是一个胖胖的波兰裔瑞典人。他虽然看起来比我大一点,但其实和我年纪相仿。Kacper 在瑞典出生、长大,父母是从波兰移民而来的。他对波兰的文化和历史有着深厚的认同感,曾到波兰交流过,深深热爱着自己的民族。我对波兰历史略有了解,当我提到卡廷惨案时,Kacper 非常高兴,认为我对他很认同。他老是告诉其他人说:"柳建知道卡廷惨案,他对欧洲历史很了解。"Kacper 经常会跟我说一些中文词语,如"青岛啤酒""北京烤鸭",这使我们之间的交流更加有趣。他常常邀请我和其他朋友到他家里聚会,他的女儿非常可爱,在外面一副害羞的模样,在家却很活泼。在他家里,我们感受到了家庭的温馨和友好的氛围。

学英语

在北欧,我对英语产生了极大的兴趣。在这里的前五个月,我像一个小孩子学说话一样,热情地探索英语这门语言。我追看了《狮子王》《小猪佩奇》等英文视频,努力提升自己的口语和听力。到了国外,我才真正体会到学习语言的重要性。并不是只在电脑前反复听、看英语电影或电视剧就能让你的语言水平得到提高。真正的提高须要身临其境,融入一个语言环境里。通过与外国人不断地交流、互动,你会逐渐了解他们的思维模式和说话习惯。这样的沉浸式学习能够让你的语言水平不断提高。在这样的语言交流和跨文化交往中,我不仅提高了英语水平,也感受到了不同文化的美妙交融与共通之处。在交流中,虽然有很多单词我可能不认识,但我会用简单的解释方式让对方听懂。尽管文化之间会有一些差异,但我们头脑深处的思维逻辑其实是相似的,所以大家能够相互理解对方在讲什么。实际上,文化的差异并没有我们想象中的那么大,因为人们最终都追求着相似的生活和价值。

北欧南部天气

北欧的天气变化在我记忆中留下了深刻印象。大家听到"北欧"时可能会联想到天寒地冻、极夜极昼的情景,其实北欧的天气是多变的,让人感受到不同于其他地方的独特景象。瑞典南部和哥本哈根等地是温带海洋性气候,这里的夏天是最有趣的时候。北欧南部的夏季,白天的时间非常长,晚上十点钟太阳才慢慢落山,直到十点半天才会完全黑下来,早晨五点钟太阳又会升起,这让夏季的白天变得非常宽裕。我常常晚上九点半出去散步,溜达一圈,享受这样的长夏时光。然而,北欧的冬天又是另一番景象。下午三点半天就开始慢慢变暗,到了四点就完全黑了。因此在冬季,我会感觉时间变得紧迫,每到下午三点半我就开始收拾东西准备离开办公室。因为冬季天黑得早,北欧的灯光文化非常发达。瑞典冬天的晚上会装饰很多灯光,星星点点,营造出浪漫而温暖的氛围,让整个冬季都仿佛是在过节一样。

聊天和派对文化

在北欧访学时,我深深体会到,在北欧的学院文化中,喝咖啡是非常值得推崇的传统之一。每天上午十点,虽然不是强制性的,但大家都会走出办公室,聚在一起聊天,喝杯咖啡,讨论各种话题,增进彼此之间的感情。学院会提供免费的蛋糕、牛奶和咖啡,让大家沉浸在思想碰撞的火花中,享受着沙龙式的交流。在这种氛围中,我们能够畅所欲言,分享彼此的见解和观点。此外,北欧人喜欢在聚会上聊天。他们常常在晚饭后或者早晨聚集在一起聊天,喝杯咖啡或小酒,吃点饼干。他们喜欢举办派对,但派对上并没有大餐,只是摆放一些饼干和红酒,大家在这里聊天。我发现他们可以不停地聊,甚至聊到深夜。我也准备过两次派对。第一次是在中国除夕那一天。我准备了大量的中国菜给他们品尝,做了酸辣土豆丝、番茄炒蛋,还有自制的年糕等。他们觉得这些料理十分新奇,我还将意大利面放在四川麻辣火锅底料里煮,再加上北欧的肉丸,老外们吃了觉得非常美味。北欧的聊天和派对文化让我感受到了一种温暖、轻松和亲近的氛围。在这里,我不仅感受到了学术的热情和活力,也学会了如何用一杯咖啡的时间促进彼此之间的交流和理解。这段特别的咖啡时间,成了我北欧访学时最难忘的经历之一,给我留下了深刻的记忆。

传统节日圣露西亚节

在北欧访学期间,我经历了瑞典一个非常具有传统意义的节日,那就是圣露西亚节,也被称为光明节。这个节日在圣诞节前的一个星期左右,是一个非常盛大的庆祝节日。每个学院乃至瑞典的每个地方都会有一群穿着白衣服的女生点着蜡烛出来唱歌,展现出一种祥和、充满仪式感的场面。这是我在国外经历的一个非常有意思的节日,而且在我的印象中,圣露西亚节是瑞典人非常重视的节日。或许,他们喜欢点蜡烛是因为喜爱光明。在北欧冬天的时候,白天很短,阳光也很少,他们渴望阳光带来的光明和温暖。圣露西亚节所代表的光明和希望,在这个寒冷的季节无疑给人们带来了一种慰藉和充实。在这个节日里,我感受到了北欧人对光明与美好生活的向往,也体会到了他们对传统文化的珍视和传承。

学院的日常研讨会

隆德大学的法学院经常举办研讨会,博士生、访问学者和教师们的最新研究、论文的报告,都会通过 PPT 讲演的方式进行,预先发出公开通告,邀请所有人去听讲、交流。这种活动在北欧地区很常见,不管是什么话题,只要有这样的交流活动,我都会去参加。虽然有些时候我并不完全理解讨论的内容,但在那样的气氛中,我感到非常愉悦和享受。这些研讨会不仅仅是一种学术交流,更是思想碰撞和灵感传递的平台。在那里,无论是专家学者、高年级研究生,还是刚开始接触研究领域的访问学者,每个人都在分享着他们的研究成果和心得体会。这种开放而包容的学术交流氛围,不仅让我学到了很多新知识,也让我感受到了北欧文化对学术的重视和推崇。

疫情之后

在北欧访学的回忆中,疫情成了一个不可忽视的主题。当疫情开始在欧洲蔓延的时候,大家似乎并没有意识到它的严重性。我当时听说德国有很多确诊病例,而德国与我所在的隆德地区又非常接近。有一次我回学院,看到大家还在咖啡厅里高密集聊天,我心里很焦虑。我打算去拜访学院的院长,告诉他我暂时先不来学校了,因为疫情已经暴发了。我曾用一个生动的比喻告诉他们,"军队"已经进入北欧地区,他们却还在载歌载舞开派对。

后来疫情真的到来了,我发现大家都变得紧张起来,并没有我想象中那样淡定。我和朋友去超市的时候,看到当地人都在争抢物资,我们也不例外。我的室友鹏飞是化学系的,有许多医用手套,我们也买了 N95 口罩。起初,我们"囤货"的时候全副"武装",消毒也做得很彻底,但是随着时间的推移,大家开始放松警惕了。两个月后,我们逐渐不再佩戴口罩,只是保持一定距离。疫情期间,我和老外的接触变少了,大约每隔半个月和他们聚会一次,更多的时候是我们一群中国人在一起。其中有来自香港、台湾的同胞,大家住得都比较近。在那段时间里,我们一起散步、聊天,这给了我非常美好的回忆,让我感受到了友谊的力量。这段经历让我更加珍惜身边的朋友和与他们在一起的时光。疫情期间,吴悦、姚泽瀚、郑佑辰三位伙伴的陪伴,以及跟他们在一起玩耍的时光,是我在瑞典最开心的回忆,是他们让我非常不舍得离开隆德。

我的住所

我居住的地方每年春天都会绽放漫山遍野的油菜花,黄色的花海在阳光下熠熠生辉,美不胜收。农户们养着许多马,当马儿们聚在一起时,一派宁静与美丽。有一次,我和我的室友徐勇走得很远,忽然发现了几头野鹿,我们都兴奋不已,倍感惊喜,这给我留下了美好的回忆。另外,我还被告知当地食材中一种大叶子的野韭菜,是许多中国人喜欢采摘的美味食材,炒起来别具一番风味。在当地人的家里,他们会种植各种果树,如梨树和苹果树。他们喜欢种植果树,却并不像我们那样热衷于采摘果实。我曾见到果实掉到地上无人采摘的情景,于是我收集了一些梨和苹果回去制作果酱。我第一次尝试制作果酱,发现其实很简单,只须把水果放在锅中煮一煮,加点冰糖即可,最后倒入玻璃罐中密封保存,非常方便。我从小就梦想骑马,发现居住在北欧郊区的当地家庭多养马,有的甚至拥有自家的马匹。周末或空闲时间,他们会骑马出行,享受大自然的清新和自由。这种与马一同溜达的体验让我觉得非常愉悦,让我感受到了与自然、与动物亲近的乐趣。北欧的住所和风土人情给我的访学生活增添了许多美好的回忆,让我怀恋至今。

旅　游

我的北欧访学经历始于 2019 年 10 月,那个时候已经是初冬,我原本计划在次年春季开始周游欧洲,去我最向往的法国巴黎、意大利罗马和威尼斯等地,但由于疫情放弃了这个计划,只能待在家里。夏天快到的时候,我跟吴悦、姚泽瀚、郑佑辰、鹏飞、Soo-hyun 去了瑞典南部的很多小镇,品尝了当地的烟熏三文鱼,参观了巨石阵。瑞典的海是如此之蓝,让我感到无比惊讶。关于马尔默,有一个非常有意思的话题。当老外问我来自中国哪里时,我说我来自温州,一个中等城市,拥有 900 多万人口——瑞典整个国家只有约 1000 万人口,他们听了非常吃惊。马尔默是一个美丽的海滨城市,对岸是哥本哈根,既拥有城市的繁华,又不失小城的宁静,让人感觉舒适愉悦。我们常常会去马尔默逛街。还有就是卢马的小镇。我从小强那里借了一辆公路车,在卢马沿途骑行,感觉真是太舒畅了。

美 食

在我北欧访学的美好回忆中,食物也是重要的一部分。在国外,我发现与中国人不同,当地人更偏爱牛奶而非豆制品。在中国,豆制品丰富多样,而在国外,当地人更推崇牛奶文化,他们能够制作出各种各样的奶制品,感受这种文化差异对我来说也是一种有趣的体验。北欧的美食让我难以忘怀,尤其是挪威的三文鱼。那里的三文鱼品质优良,口感非常出色,价格很低,几乎每天都可以享受到,成了我最爱的美食之一。尽管身处异国他乡,但每当出去用餐时,我总会想到吃中餐,西餐厅则较少光顾。我们会去一家叫作"Rose garden"的自助中餐厅,那里有各种中式美食,让我们备感亲切满足。在马尔默,我们会去一家餐厅品尝正宗粤菜。这种寻找美食的过程也是一种乐趣。在隆德,我有机会品尝各个国家的美食,我特别喜欢中东黎巴嫩菜,它们充满了独特的风味,令人回味无穷。

瑞典留学和生活

在北欧访学的回忆中,瑞典留学和生活给我留下了深刻印象。首先,我想推荐大家去瑞典留学,尤其是读博士,因为在瑞典读博士是可以拿工资的,通常来说,工资为 20 万元到 30 万元人民币。在瑞典,人工费非常昂贵，比如理发近300元人民币，修自行车也要200多元人民币，打车起步价可能要100多元人民币。所以，很多时候东西坏了，我们会选择自己动手去修理。我记得有一次，我的自行车坏了，我找了佑辰和泽瀚过来帮我修自行车，他们带着整套工具过来，就像专业的修车师傅一样。他们告诉我，在瑞典，你必须掌握这些技能。至于看病和买药，在瑞典可能会比较麻烦，最好能从中国带一些备用药过去。中国的备用药会在紧急时候派上用场。

离　开

快要离开瑞典时，我在家举办了一个派对，所有的朋友都前来送行。我们一起享用了美食，大家给我买了很多纪念品，包括带有隆德大学 logo 的书包、T 恤和文具等。他们对我说："柳建，请不要忘记我们。"虽然时间过得飞快，已经有四五年了，虽然我之后并没有经常联系他们，但我非常想念他们。

2024 年 4 月写于莫干新村